# 딱 하나만 바꾸면 되는데

**딱 하나만 바꾸면 되는데**
이주연 지음

**초판 인쇄** 2020년 1월 28일
**초판 발행** 2020년 1월 31일

**지은이** 이주연
**펴낸이** 신현운
**펴낸곳** 연인M&B
**기 획** 여인화
**디자인** 이희정
**마케팅** 박한동
**홍 보** 정연순
**등 록** 2000년 3월 7일 제2-3037호
**주 소** 05052 서울특별시 광진구 자양로 56(자양동 680-25) 2층
**전 화** (02)455-3987 팩스(02)3437-5975
**홈주소** www.yeoninmb.co.kr
**이메일** yeonin7@hanmail.net

값 15,000원



ISBN 978-89-6253-479-5 03320

*** 잘못된 책은 바꾸어 드립니다.**

4차 산업혁명 시대의 고객 만족

# 딱 하나만 바꾸면 되는데

이주연 지음

2020 서비스전문가라면 꼭 알아야 할 서비스트렌드

YOU JUST NEED TO CHANGE ONE THING

고객 만족, 딱 하나 서비스 프로세스

연인M&B

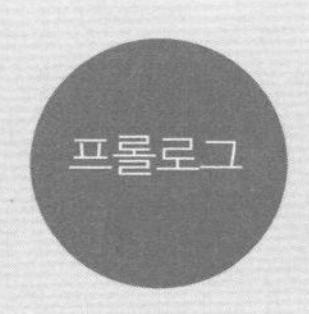


# 딱 한 가지 때문에 고객이 떠난다

우리나라에 고객 만족(CS : Customer Satisfaction)의 개념이 처음 소개된 것은 1992년 전후인 것으로 알려져 있다. 그러니까 이제 4반세기를 넘고 있는 것이다. 화끈한 것을 좋아하는 우리들 국민성답게 그동안 민간 기업은 물론이고 국가기관에 이르기까지 고객 만족을 부르짖었고 성과 또한 컸다. 아마도 오늘날 우리나라의 서비스 수준은 세계 어디에 내놔도 손색이 없을 것이다. 때로는 지나친 친절로 감정노동자들이 혹사당하는 지경에까지 이르렀다.

내가 '고객 만족'과 인연을 맺고 서비스 현장에서 일하게 된 것은 1997년 여름 A호텔의 프론트에 입사를 하면서다. 그러니까 우리나라에 고객 만족 경영이 들어온 초기부터라 할 수 있겠다.

그동안 서비스 현장에서 일하고 산업교육가로서 수많은 기업에서 고객 만족을 강의하면서 느낀 것은 이 분야가 끝이 없다는 점이다. 언제나 문제의 연속이다. 즉, 지난날과 비교하면 천지개벽과 같은 변화가 있었지만 아직도 고객의 불만은 끊임없이 계속된다는 사실이다. 이는 인간의 욕구나 심리와 관련이 있는 것이어서 하나의 불만이 해결되면 다른 불만이 계속 이어지고 있기 때문이다.

그렇다면 정녕 고객 만족의 끝은 없는 것인가? 이제 4차 산업혁명의 시대요, 인공지능의 로봇이 등장한다는데 그래도 끝이 없는 것인가? 역시나 고객의 불만은 계속 이어질 것이다. 하나가 해결되면 또 다른 문제가 야기될 것이다. 인공지능을 통하여 완벽한 서비스를 지향하겠지만 그것은 그 나름의 불만을 또 잉태할 것이다. 인공지능의 로봇으로 인하여 사람이 제공하는 인적 서비스의 양은 줄어들겠지만 그것은 또 그 나름의 불만을 생산할 것이다. 그것이 피할 수 없는 고객 만족 서비스의 속성이다.

그렇다면 앞으로 고객 만족 서비스의 문제를 어떻게 접근하고 해결할 것인가? 이것이 고객 만족을 강의하는 나로서는 가장 중요한 화두요 과제라 할 수 있다. 그러다가 문득 머리에 떠오른 것이 '기본으로 돌아가자.' 는 것이었다.

## 문제는 하나, 하나가 전체다

시중에 고객 만족이나 서비스에 관련된 책들이 흘러넘친다. 4반세기 동안 수많은 이들이 수많은 책을 내놨다. 기업은 기업대로 나름의 논리를 펴며 완벽한 서비스를 향하여 매진해 왔다. 사실 그 많은 책들의 내용을 보면 엇비슷하다. 친절을 논하고 고객 만족의 중요성을 강조한다. 그러고는 어떻게 하면 고객이 만족할지 세세한 고객 응대의 요령을 다룬다. 나 역시 그렇게 강의했다. 그런데 어느 날 이런 의문이 들었다.

'수많은 논리와 기법이 동원되지만 그게 다 필요한 걸까?'

'과연 기업이나 서비스 종사자 모두에게 그 많은 내용과 관련된 문제가 있는 걸까?'

'고객 만족을 완성시키기 위해 필요한 기법과 요령은 몇 가지나 될까?'

그런 의문들이다. 어찌 보면 뜬금없는 의문일 수 있다. 20년 가까운 세월 동안 서비스 현장을 누비고 강의한 사람이 이제 와서 그런 의문을 갖는다는 것이 말이다. 그러나 거꾸로 생각하면 그 정도 세월의 내공이 쌓였기에 드디어 가장 근본적인 질문을 던질 수 있는 경지에 도달했다고 할 수도 있다. 그런 의문과 고민 끝에 나는 하나의 결론에 이르렀다.

고객을 만족시키고 좋은 서비스를 제공하기 위해서 수용해야 할 요령이나 기법이 많고도 많겠지만 결국 고객이 만족을 느껴 계속 거래를 하거나 반대로 불만족하여 떠나는 이유는 '딱 하나'의 이유 때문일 것이라는 결론이다. 이는 입장을 바꿔서 내가 고객으로서 거래하고 있는 곳들—예컨대 백화점이든, 동네 슈퍼마켓이든—을 선택하고, 내가 그곳을 왜 거래하는지 또는 회피하는지 이유를 따져 보면 알 수가 있다.

독자 여러분도 한번 생각을 같이해 보라. 당신이 거래하는 곳을 떠올려 보고 왜 그곳을 거래하는지, 반대로 당신이 최근에 거래를 끊은 곳이 있다면 왜 그곳과 거래를 하지 않게 됐는지를 고객 만족 서비스의 관점에서 따져 보자는 말이다. 이렇게 원인을 좁혀 보면 두꺼운 책 한 권에 모두 수록된 그 많은 이유와 논리 때문에 거래를 하거나 끊는 것이 아님을 알게 된다.

거래처뿐만 아니다. 기업들은 고객 만족 서비스 종사자들에게 지금껏 수많은 기법을 훈련시키고 요령을 가르쳐 왔지만 우수한 종사자나 불량한 종사자나 똑같은 교육과 훈련을 해 왔다는 불합리를 발견하게 된다. 이는 분명히 낭비다. 노력의 낭비요 시간의 낭비며 자원의 낭비다. 종사자마다 불량 서비스의 유형이 다를 것인데도 뭉뚱그려서 도매금으로 교육하고 훈련했으니 확실히 방향과 방법이 잘못되어 왔던 것이다.

설령 불량한 종사자라 하더라도 100가지 모두가 불량한 사람은 없을 것이다. 따지고 들어가면 불친절하다든가, 업무처리가 미숙하다든가 뭔가 한두 가지의 결정적 요소 때문에 불량하다는 평가를 얻을 것이다. 또한 우수한 종사자일지라도 완벽한 사람은 당연히 없다. 그에게도 분명히 보완해야 할 '깨진 유리창'이 하나쯤은 있게 마련이다.

'그래 맞다. 문제는 하나다.'

나는 그렇게 나의 결론에 대한 확신을 하게 됐다. 그래서 그것을 논리의 기둥으로 삼아 책을 쓰기로 한 것이다. 주제는 '딱 하나 서비스'요, '딱 하나만 바꾸면 된다.'는 논거에 바탕하여 확실하게 고객 만족을 실현하는 방법을 찾기로 했다.

당신의 회사가 바꿔야 할 딱 하나의 서비스는 무엇인가? 당신이 서비스 종사자라면 딱 하나 바꿔야 할 것은 무엇인가? 그렇게 문제를 좁혀 가노라면 곧 고객이 만족하는 기업, 고객으로부터 사랑받는 서비스 종사자가 될 것이다. 물론 그 '딱 하나'는 계속해서 진화할 것이다. 그 진화되는 '딱 하나'를 해결하는 것이 결국은 고객 만족의 완성이요 서비스의 종착역이 아닐까.

아무쪼록 날이 갈수록 고객의 욕구가 늘어나고 그럴수록 힘겨워지는 고객 만족과 서비스 현장에서 이 책이 문제를 단순화시키고 핵심화하는 맞춤 서비스 전략의 길잡이가 되기를 소망해 본다.

서비스 종사자, 그리고 고객 만족 경영을 추구하는 기업의 CEO나 담당 책임자들이 '딱 하나의 변화' 를 통해 4반세기를 끌어온 고객 만족 서비스의 완성을 도모하게 되길 기대해 본다. 때로는 하나가 전체임을 믿으면서….

2020년 새해

저자

# 차례

Contents

## 3장 마음 하나 바꾸기—서비스십



## 4장 태도 하나 바꾸기—고객맞이 자세

## 5장 화법 하나 바꾸기—말하기



## 6장 시스템 하나 바꾸기—서비스 시스템

## 7장 문화 하나 바꾸기—조직문화



## 8장 상품 하나 바꾸기—서비스와 제품

"

항상 시장의 목소리에 귀를 열어 놓아야 한다. 어려울 때든 좋을 때든 고객(소비자)들의 목소리만큼 확실한 지표는 없다.

"

"

어려운 때일수록 '우리가 왜 존재해야 하는지, 우리가 세상을 위해서 뭘 하고 있는지'를 끊임없이 되새겨야 한다. 존재 이유가 분명해야 위기를 돌파하는 강한 모멘텀이 생긴다.

—제프 킨들러(Jeffrey Kindler), 전 화이자 회장

"

1장

# 고객 만족

—딱 하나 바꾸기

YOU JUST NEED TO CHANGE ONE THING

## 01 딱 하나 서비스 프로세스

제4차 산업혁명의 시대다. 요즘은 기업의 사업계획에서부터 산업강사의 강의에 이르기까지 4차 산업혁명을 빼면 이야기가 안 될 정도다. 원래 '냄비 기질'이 있어서 쉽게 달아오르는 우리네의 특성은 여기에도 어김없이 작용한다. 그럼 이런 상상도 가능할 것이다. '4차 산업혁명의 시대는 고객 만족(CS)이 어떻게 변할까?' 라는 상상 말이다.

나는 미래학자도 4차 산업 전문가도 아니다. 그래서 4차 산업혁명의 시대에 기업의 고객 만족 경영이 어떻게 변할 것인지를 섣불리 예견하고 싶지는 않다. 그럼에도 불구하고 지금까지 오랫동안 고객 만족에 관한 강의를 해 온 사람으로서 그 부분을 그냥 지나칠 수는 없다. 나름의 논리와 시각으로 이제부터 그것을 다루려고 한다.

그것을 심도 있게 말하기 전에 먼저 밝힐 것이 있다. 분명히 말할 수 있는 것은 아무리 세상이 발전해도 고객을 만족시켜야 기업이 유지 또는 발전할 것이라는 엄연한 사실이다. 아니 오히려 세상의 발전과 더불어 고객의 욕구는 더 커질 것이고 지금으로는 상상할 수 없는 기막힌 방법이 동원될 것이다.

그러나 여기서 잠깐! 자꾸 미래로 달려가는 생각을 멈추고 냉정해 보자. 세상이 발전하고 서비스의 제도나 요령이 획기적으로 발전한다고 해서 고객이 그 모든 제도나 요령을 다 활용하는 것은 아니다. 실제로 우리가 어떤 기업을 상대로 제품을 구매하고 서비스를 이용할 때 문제가 되는 것은 의외로 단순하다. 그것도 많은 부분, 또는 전체에 대한 불만족이 아니라 단 한두 가지, 일부분의 불만족이 문제가 된다. 그렇지 않은가?

## 하나에 집중해 보자

예컨대, 당신이 음식점을 이용한다고 하자. 문을 열고 들어가서 음식을 주문하고 그것을 먹고 계산하고 나오는 전 과정에 무슨 4차 산업혁명이 작동할 것인가? 설령 인공지능의 로봇이 당신을 안내하고 음식을 날라 주고 계산을 할지라도 고객의 불만은 있을 것이다. 음식에 대한 불만이든 아니면 로봇에 대한 불만이든 간에.

그 불만이 어떤 것이든 간에 그것을 계량화한다면 결국은 한두 가지로 집약될 것이다. 고객을 상대로 사업을 하고 장사를 하는 곳이 10가지 또는 20가지의 불만족을 안고 있을 수는 없는 노릇이다. 실제로 고객에게 물어보라. 그 음식점에 무엇이 문제냐고. 무엇이 불만족스러웠냐고. 그러면 분명히 한두 가지를 짚어 불만을 토로할 것이다. 그 음식점의 서비스를 구성하는 요소는 많을지라도 실제로 고객의 불만을 사는 것은 한두 가지 정도란 이야기이다. 이를 더욱 좁히면 결국 고객은 여러 서비스 요소 중에서 하나의 요소에 집중하게 된다. 한 가지에 주목하고 신경을 쓰게 된다.

나는 이 점에 착안하여 '딱 하나 서비스 프로세스'라는 용어를 만들어 냈다. 즉, 고객 만족 경영을 위한 수단과 방법은 많고도 많지만 딱 하나의 요소에 집중해 보자는 것이다. 그 '딱 하나'가 고객의 입장에서는 핵심 불만이요 기업의 입장에서는 핵심 요소가 된다. 물론 그 하나가 해결되고 나면 또 다른 불만 요소가 발생할 것이다. 인간의 심리란 완벽한 만족이 없으며 언제나 문제가 발생할 것이기 때문이다.

그러면 그때는 또 그 문제를 해결해 나가면 된다. 하나를 해결하면 또 하나가 보일 것이요. 그렇게 하나씩 개선해 나가는 프로세스, 핵심 요소에 집중하는 서비스 프로세스가 바로 '딱 하나 서비스 프로세스'다.

02

# 4차 산업혁명과 서비스 혁명

4차 산업혁명의 시대다. 요즘은 어떤 분야든 4차 산업혁명을 끌어들여야 말이 되는 상황이다. 잘 알다시피 4차 산업혁명은 2016년 1월 스위스 세계경제포럼(WEF)에서 포럼의 창립자이자 집행위원장인 클라우스 슈밥(Klaus Schwab) 회장에 의하여 처음 제기됐다.

4차 산업혁명은 초연결성(Hyper-Connected)과 초지능화(Hyper-Intelligent)를 특성으로 한다. 즉, 통신 기술, 데이터 저장력과 생산력, 연산 기술 등의 소프트웨어를 바탕으로 모든 산업이 연결되고 지능화됨으로써 기존의 시스템과 비즈니스를 파괴하고 새롭게 융합하여 전 세계 모든 산업이 혁명적으로 재편되는 것을 말한다.

4차 산업혁명이 부각되면서, 각 분야마다 '4' 자를 붙이는 게 유행이 되고 있다. 그 대표적인 것의 하나가 '마켓 4.0' 이다. 세계적인 경영 구루이자 마케팅의 대가인 필립 코틀러(Philip Kotler)는 그의 책 『마켓 4.0』(이진원 옮김, 더퀘스트, 2017)을 통해 마케팅 분야에서의 획기적 변화를 예고하였다. 그는 이미 『마켓 3.0』이라는 책에서 제품 위주의 마케팅(마켓 1.0 : 품질관리집중)이 소비자 중심의 마케팅(마켓 2.0 : 경쟁 불가피, '포지셔닝' 도입)을 거쳐 인간 중심의 마케팅(마켓 3.0 : 가치와 스토리 어필)으로 변화가 일어날 것이라고 했었다. 그 후 4차 산업혁명이 화두가 되자 마켓 3.0에서 한발 더 나아가 '하이테크 + 하이터치'의 융·복합 전략을 바탕으로 하는 마켓 4.0의 시대가 열릴 것이라고 이론을 진화시킨 것이다. 마켓 4.0이란 결국 기술의 급격한 발전에 따라 빅데이터 분석을 기반으로 하여 제품과 서비스가 갈수록 개인의 필요에 맞춰지고, 개인적인 성격을 강하게 띠게 되는 것을 말한다.

## 4차 산업혁명보다 중요한 '딱 하나의 혁명'

그의 주장이 아니더라도 4차 산업혁명 시대의 서비스산업과 고객만족 경영은 과거와는 완전히 다른, 새로운 차원으로 발전할 것이 분명하다. 전문가들에 의하면 4차 산업혁명 시대에는 AI(인공지능), 빅데이터, 사물인터넷(IoT) 기술을 기반으로 여러 분야에서 획기적인 시스템의 변화가 있을 것이기에 4차 산업혁명 시대 '서비스산업'의 키워드는 '온디맨드'가 된다고 한다.

온디맨드(on-demand)란 모바일을 포함한 정보통신기술(ICT) 인프라를 통해 소비자의 수요에 맞춰 즉각적으로 맞춤형 제품 및 서비스를 제공하는 것을 말한다. 즉, 고객이 원하는 것을 즉시 해결해 주는 새로운 체계로 '제품의 서비스화'와 '서비스의 제품화'가 본격적으로 일어나게 될 것이다.

제품의 서비스화란 제품만 파는 것이 아니라 제품을 둘러싼 솔루션 등 서비스를 함께 제공하는 것을 말한다. 예를 들어 GE의 경우를 보면 1997년에 매출의 20%가 서비스 사업 실적이었지만 2014년에는 42.2%를 차지하게 됐는데, 부품만을 파는 것이 아니라 부품과 관련된 노하우 등까지 함께 판매하는 방식으로 제품의 서비스화를 이룬 것이 대표적이다.

반면에 서비스의 제품화는 눈에 보이지 않는 서비스가 마치 제품처럼 등장한다는 것이다. 아마존의 서비스와 카카오택시 서비스가 대표적으로 거론된다(〈키뉴스〉, 2017. 12. 15)

그러나 잊지 마라. 제아무리 4차 산업혁명과 온디맨드 운운해도 고객 만족과 서비스의 근본은 별로 변하지 않는다는 점이다. 특히 사람이 제공하는 인적 서비스 분야에서는 더욱 그렇다.

그 어떤 온디맨드 서비스를 제공하고 인공지능을 활용하는 혁명적인 서비스 체계를 운용한다 하더라도 고객의 입장에서 '딱 하나' 보완하고 고쳐 주었으면 하는 것이 있게 마련이요, 그것은 그렇게 거창한 것이 아니라 기본적인 것일 확률이 높다.

고객 만족이란 원래 거창한 게 아니다. 인간의 기본적인 욕구를 충족시키는 차원이다. 그래서 미소를 지어라, 인사를 잘하자 하는 것이 서비스 프로세스 이상으로 강조되는 것이다. 그와 관련하여 필립 코틀러가 말했다. 비록 마켓 4.0의 시대라지만 고객에게 있어서 중요한 것은 거창한 고객 만족도 조사가 아니라 그곳을 거래한 다른 고객의 평가를 더 신뢰한다고. 예컨대 '10년 연속 서비스 대상 수상'이니 '국가 고객 만족도 조사 1위 달성'이니 하며 아무리 홍보를 해도 고객들은 별로 관심을 갖지 않으며 오히려 SNS에 올라오는 이용자 개인의 평가를 더 신뢰한다는 것이다.

이런 관점에서 우리들의 서비스와 고객 만족 체계를 다시 생각해봐야 할 것이다. 4차 산업혁명보다 더 중요한 것은 '딱 하나의 혁명'이라고 확신한다.

## 03 혁명을 가로막는 딱 하나

서비스와 고객 만족을 다루다 보면 자주 등장하는 그림이 있다. 높이가 다른 여러 개의 나무판자를 엮어서 만든 물통이다. 이 물통에 담을 수 있는 물의 최대량은 높이가 가장 낮은 판자에 의해 결정된다. 아무리 다른 판자의 높이가 높더라도 물은 낮은 판자의 높이 이상 담을 수가 없기 때문이다. 아무리 물을 많이 부어도 낮은 곳으로 흘러넘칠 테니까. 이 물통은 '최소량의 법칙' 또는 '최소인자결정의 법칙'을 설명하는 데 자주 등장한다.

최소량의 법칙(Law of Minimum)은 독일의 생물학자인 리비히(J. F. Liebig)가 1843년에 식물의 성장과 생산량은 그 생육에 필요한 여러 요소(수분, 온도, 광선, 양분 등) 중 가장 공급비율이 낮은 요소에 의해 결정된다고 주장하면서 내놓은 이론이다. 즉, 아무리 양분이 넘쳐나도 그중 하나라도 부족한 것이 있으면 식물의 성장과 생산량은 넘치는 양분이 아닌 최소량인 요소에 의해 결정된다는 것이다.

이 법칙은 그 후 여러 분야에 널리 인용돼 왔다. 예를 들면 인체에 관해서도 마찬가지라는 것이다. 즉, 한 사람의 건강 상태는 가장 부족한 미량의 영양소 하나에 좌우된다. 단백질과 지방질, 탄수화물, 비타민 등 다른 영양소를 충분히 섭취하더라도 이를 조절하는 수많은 미량 영양소 가운데 한두 개가 부족하면, 인체의 균형은 가장 낮은 쪽에 맞춰진다는 말이다(네이버 지식백과).

## 핵심 인자를 찾아라

이 법칙은 고객 만족 이론을 설명하는데도 그대로 이용되어 왔다. 아무리 좋은 서비스로 고객을 만족시키려고 해도 가장 열악한 서비스 부문으로 인하여 전체 서비스가 결정된다는 식이다. 99%의 좋은 서비스도 1%의 불량한 서비스로 인하여 결국 전체가 불량한 서비스로 평가된다는 것이며 그래서 100-1=99가 아니라 0라는 산식도 등장하였다. 이 논리는 그동안 고객 만족을 강의하거나 다루는 전문가들에게 하나의 신앙처럼 받들어졌다.

바로 여기서 강조되는 1이야말로 서비스 혁명을 가로막는 '딱 하나' 에 해당된다. 식물의 생장이나 인간의 건강에 관해서는 그것이 '최소 인자' 이지만 나는 이것을 '핵심 인자' 라 칭하여 '핵심 인자 결정의 법칙' 이라 말하고 싶다.

찰스 두히그(Charles Duhigg)는 그의 책 『습관의 힘(The Power Of Habit)』에서 '핵심 습관(keystone habit)' 이라는 개념을 사용하였다. 핵심 습관이란 우리의 삶에 큰 영향을 미치는 습관으로써 그것이 바뀌면 연쇄 반응을 일으켜 다른 습관까지 바뀌게 하는 습관이다. 그래서 개인의 삶을 개조하려면 핵심 습관을 바꿔야 한다고 강조하였다.

마찬가지로 핵심 인자는 그것이 고객 만족과 서비스에 큰 영향을 미침으로써 그것이 바뀌면 연쇄반응을 일으켜 결국 전체의 서비스와 고객 만족을 바꾸게 된다. 핵심 인자의 혁명은 곧 고객 만족의 혁명과 귀결되는 것이다. 그 핵심 요소란 따지고 들어가면 결국 딱 하나에 귀결된다. 그것을 고쳐야 그 기업과 개인의 고객 만족이 결정적 변화를 일으키게 될 것이다. 지금까지 계속 고객 만족 경영을 외치면서도 그것이 안 되는 것은 그 딱 하나의 핵심 요소를 놓쳤기 때문이다.

그렇다면 이제부터 당신 회사의 결정적 핵심 인자가 무엇인지 찾아야 한다. 그리고 개인은 개인대로 서비스 혁명을 가로막는 핵심 인자가 무엇인지를 찾아 그것을 혁명적으로 개선해야 한다. 그것이 '딱 하나 서비스 프로세스' 의 핵심 논리다.

04

# 한 가지 때문에 고객이 떠난다

지인의 이야기다. 여러 아파트가 몰려 있는 지역에 사는데 그곳에 병원이 여럿 있단다. 심지어 한 건물에 치과병원이 두 곳이나 있다니…, 세상에나! 요즘은 모두가 치열한 경쟁이다. 그 지역도 예외가 아니어서 때로는 안쓰럽기까지 하단다. 개업 병원들이 경쟁하는 것을 보면 자녀들에게 의사 되라고 하기가 싫어졌단다.

병원이 많다 보니 몇몇 병원은 거의 환자를 보기 어려울 정도인데 '군계일학' 이라고 할까, 유독 한 병원에만 환자가 미어터졌다. 왜 그럴까? 지인의 말에 따르면 여의사가 엄청 친절하다는 것이다. 그 바람에 이웃병원들까지 친절 바람이 불었는데 간발의 차이지만 차원이 다르단다. 인상이 좋은 40대 후반의 여의사는 마냥 편하게 사람을 대해 줘서 마치 가족과 병을 걱정하고 치료법을 상의하는 느낌이 든단다. 그 여의사는 타고났다고 했다. 반면에 다른 병원의 의사들도 친절하기는 한데 그야말로 '서비스' 차원이다. 때로는 가식이 느껴질 정도다.

문제는 그 친절한 여의사의 병원에도 맹점(?)이 있다는 것이다. 가족과 상의하듯 환자를 돌보다 보니 진료시간이 길다. 10분, 때로는 20분을 넘기기도 한단다. 우리나라 병원들의 평균 진료시간이 3분 정도라고 문제 제기를 하는 것과 비교하면 이는 파격적이다. 드디어 친절하고 꼼꼼하게 진료를 한다는 소문이 났고 그에 따라 환자가 점점 더 많아졌다. 이쯤 되니 동네 병원임에도 보통 1시간 이상 기다려야 할 정도가 됐다. 부익부빈익빈이라 했던가. 기다릴수록 환자는 더 밀려들게 마련이다. 그런데, 그런데 말이다. 이상한 현상이 나타나기 시작했다. 어느 한계점을 넘어서면서부터 슬슬 환자가 줄어들기 시작한 것이다. 독자 여러분께 질문을 던지겠다. 왜 환자가 줄어들었을까요?

정답은(물론 지인의 분석 결과다) 지나치게 꼼꼼한 진료가 대기시간을 연장시켰고 성질 급한 '대한민국의 환자'들에게는 참을 수 없었던 것이다. 동네 병원에 진료를 받는 사람이라면 일단 중증이 아닐 확률이 크다. 모르긴 해도 감기몸살이나 배탈, 독감백신 주사나 피로 회복을 위한 링거 처방이 대부분 아닐까? 그런데 10분 이상 진료를 한다고? 얼핏 생각하기엔 10분이면 괜찮을 것 같은 느낌일 것이다. 그러나 실제로 10분은 매우 길다. 더구나 밀리는 환자를 고려하지 않고 계속 10분이 누적되다 보니 대기실에서는 1시간 이상을 기다려? 상상해 보자. 당신이라면 그 병원에 갈까?

## 실제로 점검해 보라, 문제는 하나다

그 여의사의 열렬한 팬(?)을 자처하던 지인조차 간단한 진료는 다른 병원으로 가게 되더라고 했다. 기다리기가 너무 지루해서다. 이것이 환자의 심리, 아니 인간의 심리다. 친절은 좋은 것이다. 더구나 의사로서 가식적이거나 서비스 차원에서의 친절이 아니라, 가족 같은 친절을 제공한다면 그야말로 인술로서의 친절이라 할 만하다. 그러나 친절과 대기시간의 함수관계에서 환자가 어느 쪽을 선택할 것인지도 고려했어야 했다. 그것 하나만 고친다면 그 병원은 전혀 불만이 없을 텐데…, 지인의 푸념이었다. 그 병원에 있어서는 대기시간이 '딱 하나'에 걸린 셈이다. 그것을 고치는 것이 그 병원의 '딱 하나' 서비스 시스템의 개선이 될 것이요 '딱 하나 혁명'이 될 것이다.

결국 고객이 떠나는 것은 한 가지 때문이다. 물론 어느 조직(그것이 작은 음식점이든 큰 회사든 간에)의 서비스 체계를 꼼꼼히 점검한다면 여러 가지 불합리하거나 불량한 요소가 발견될 것이다. 예컨대 그것이 10가지라고 하자. 그런데 막상 각각의 고객 입장에서 보면 그 10가지 모두에 문제가 있어서 그곳을 떠나는 게 아니라는 사실이다. 어떤 이는 A라는 이유로, 어떤 이는 B라는 이유로, 그리고 어떤 이는 C 때문에 그곳을 불편해하고 떠난다. 고객들이 떠나는 이유를 모두 모아 놓으면(A + B + C …) 10가지도 되고 20가지도 될 수 있다. 그러나 한 사람의 고객 입장에서 보면 결국은 한 가지의 핵심 요소 때문에 떠난다.

실제로 설문을 해 보라. 당신이 왜 그곳을 거래하지 않는지, 왜 그곳이 불편한지, 왜 그곳을 떠나게 됐는지, 그리고 무엇을 개선하면 되는지 말이다. 그러면 거의 대부분의 고객은 한 가지를 짚어 이렇게 말할 것이다.

"ㅇㅇㅇㅇ, 그것 때문에 그렇다." 고.

그렇다. 문제는 한 가지 때문이다. 하나 때문에 고객이 떠난다.

## 05 한 사람 때문에 회사가 흥한다

경상북도 어느 읍 소재지의 사례다. 인구 3만이 조금 넘는 곳으로 점점 인구가 줄어들고 있다. 그곳의 금융기관은 세 곳뿐인데 그중의 한곳에 젊은 고객들이 몰렸다. 처음에는 그것이 특별한 현상인 줄 몰랐다. 당연히 올 고객이 오는 것인 줄 알았다. 그런데 그곳에 어떤 일이 벌어지고 나서야 비로소 알았다. 젊은 고객들—특히 젊은 남성 고객이 그동안 많이 거래한 이유를 말이다.

친절하고 상냥하고 그것에 덧붙여 매우 매력적으로 생긴 젊은 텔러가 다른 지점으로 발령받아 그곳을 떠나면서다. 그녀가 떠나고 나자 슬슬 고객이 줄어들기 시작했다. 특히 젊은 청년들의 발길이 뜸해졌다. 청년들만이 아니다. 어르신들까지 창구에 와서 "아니, 그 직원 어디로 갔어요?" 물으며 몹시 섭섭해한다는 것이다. 그 지점장이 웃으며 말했다. "그동안 그 직원을 보기 위해 사람들이 몰렸던 겁니다. 커피전문점이나 카페 등에 그런 현상이 있다는 이야기는 들었는데 은행에서도 그럴 줄은 몰랐네요, 껄껄껄!"

이와 유사한 사례는 많다. 꼭 금융기관이 아니어도 마찬가지다. 당신이 거래하는 어느 옷가게나 음식점, 또는 백화점의 어느 코너 등, 어느 곳이라도 한 곳을 짚어 보자. 당신이 단골로 삼은 곳이 있다면 한번 곰곰이 생각해 보자. 그곳을 단골로 삼은 이유가 무엇이냐고 묻는다면 어떻게 대답할까? 이런 경우 대부분의 사람들은 한 가지를 꼽는다. "그 집 음식맛이 일품이야.", "그곳의 옷이 내 취향에 딱 맞거든.", "그 코너의 매니저가 너무 친절해.", "그 집은 믿을 수가 있어." 이렇게 말이다.

그중에서도 '한 사람'에게 나는 주목한다. 한 사람의 친절 때문에 우리는 그곳을 거래하며 한 사람에 대한 믿음 때문에 그곳을 찾는다. 결국 '한 사람'이 조직을 흥하게 한다는 말이다. 특히 종업원 한 사람도 중요하지만 관리자—리더 한 사람이 중요하다. 종업원 한 사람이 문제라면 그를 바꾸면 된다. 대체할 사람은 많다. 그러나 그 한 사람이 리더—특히 CEO가 되면 문제는 다르다.

실제로 수많은 기업의 흥망성쇠는 톱(top) 리더 한 사람에 의하여 좌우되는 수가 대부분이다. 그 대표적인 사례로 꼽는 것이 당신도 잘 아는 아사히야마 동물원의 고스케 마사오 원장이다. 고객 만족 경영을 말할 때 늘 등장하는 아사히야마 동물원은 일본 열도의 북쪽 홋카이도에 있는 인구 40만 명 정도의 도시 아사히카와에 있는 동물원이다.

## '파워 오브 원(power of one)'의 위력

1967년 개원한 동물원은 관람객 수가 적어 적자가 계속되었고 전국의 동물원 중에서 치욕스러운 꼴찌를 몇 번 반복했다. 심지어 시청으로부터 동물원 예산이 편성되지 않아 동물원의 문을 닫고 건설업체에 넘겨 버리는 방안이 검토되기 시작했다. 이때(1995년) 등장한 사람이 고스케 마사오 원장이다.

그 당시 동물원의 연간 관람객 수는 역대 최저 수준인 26만 명 정도였고 개원 이래 최악의 위기상황이었다. 사육자 출신인 그는 시청과 의회를 상대로 끈질기게 한번만 기회를 줄 것을 호소하였다. 반드시 상황을 호전시키겠다면서 말이다. 그렇게 일단 폐원의 위기를 넘긴 그는 동물원의 혁신에 착수하게 된다.

고스케 마사오 원장은 왜 관람객이 오지 않는지를 알기 위해 방문자를 상대로 설문조사를 실시했다. 그 결과는 상식적이었지만 동시에 충격적이었다. 관람객들이 하나같이 "재미가 없다."고 답했기 때문이다. 그것이 바로 '딱 하나'의 핵심 요인이다. 그러나 한편으로는 "재미가 없다."는 그 핵심 요인에 동물원이 살길이 있으며 고객 만족의 모든 해답이 들어 있는 것이다. 그래서 동물원의 개념을 확 바꿔 버리는 작업에 착수한다. '재미있는 곳' 으로 말이다.

'재미있게 하자' 는 방침이 서면 아이디어는 나오게 되어 있다. 그래서 '딱 하나' 의 핵심 요소가 중요한 것이다. 어떻게 재미있게 한다? 결국 지금까지의 재미없던 방식을 바꾸면 되는 것이다. 단순히 사람이 동물을 구경하는 것이 아니라 동물이 사람을 구경하게 하였다. 이것이 역발상이다.

그때까지 모든 동물원은 동물을 전시하고 사람이 그것을 구경하게 하였다. 그러니 한 번 다녀간 사람이 또 올 리 만무하다. 그래서 단순한 구경이 아니라 동물의 생태를 관찰하고 체험할 수 있게 했다. 동물의 입장에서 생각하고 동물의 특징을 보여 주기로 했다. 사육의 개념이 아니라 동물의 입장에서 동물들이 가지고 있는 특성과 습성, 능력을 사람들에게 자연스럽게 전달하여 생명의 위대함과 소중함을 느끼게 했다.

하여튼 바꿀 수 있는 것은 다 바꿨다. 개장시간도 밤 9시로 연장하여 퇴근 후에도 즐길 수 있을 뿐만 아니라, 밤에는 동물들이 어떻게 생활하는지를 보여 주었다. 이를테면 고객들이 불만으로 여겼던 '딱 하나' 들을 모두 다 고객 중심으로 차별화한 것이다.

그 결과 어떻게 되었는가? 그것이 오늘날의 아사히야마 동물원이다. 작은 도시, 멀리 떨어진 홋카이도에 있는 동물원이며 소수 인력으로 운영하지만 일본 최고의 동물원으로 거듭나게 되고 관광명소가 되었다. 인구 1,200만 명의 동경에 위치한 도쿄 우에노(上野) 동물원의 관람객 수를 추월하였다.

아사히야마 동물원의 사례에서 우리는 '파워 오브 원'의 위력을 배우게 된다. 한 사람의 힘 말이다. 한 사람이 회사를 흥하게 하는 것은 물론이요 세상을 바꿀 수 있는 것이다.

# 06 한 사람 때문에 회사가 망한다

〈엊그제 집근처의 병원에 갔습니다. 의사는 자상하고 친절했습니다. 그런데 나 원 참! 세상에 그렇게 퉁명스럽고 불친절한 간호사(정확히 신분을 가리자면 간호조무사일지, 또는 일반 사무직일지도 모르나 환자들이 부르는 대로 '간호사'라 칭한다)는 처음 봤습니다.

20대의 젊은 여성이 화장은 뽀사시하게 했는데 뭔가 잔뜩 화가 난 표정입니다. 말투요? 당연히 무뚝뚝. 계산을 하고 처방전을 내주는데, 로봇도 그보다는 낫겠습니다. 의사는 그 사정을 아는지 모르는지. 아니, 의사의 안목도 한심하긴 마찬가지입니다. 척 보면 알 수 있는 그녀의 품성인데 뭘 보고 채용했는지, 나 원 참! 환자가 많아서 그런 것 아니냐고요? 파리 날리고 있었습니다. 미안하지만, 곧 망할 것이라는 저의 직감이 적중할 것으로 봅니다.〉

『서비스에 승부를 걸어라』 등, 고객 만족 경영과 서비스에 대한 연구로 잘 알려져 있는 조관일 박사가 그의 블로그에 올린 경험담이다. 사실 이와 비슷한 경험은 누구나 하는 것이다. 그것이 병원일 수도 있고 때로는 다른 업소일 수도 있지만. 그러면서 구맹주산(狗猛酒酸)을 언급하였다.

## 우리의 '맹구'는 누구인가?

구맹주산은 한비자(韓非子)의 외저설우(外儲說右)에 나오는 말이다. 즉 '개가 사나우면 술이 시어진다.'는 의미로 고객 만족 경영과 관련하여 종종 인용되는 사자성어인데 이 기회에 다시 한 번 돌아볼 필요가 있겠다. 그 스토리는 이렇다.

송(宋)나라에 술을 파는 주막이 있었는데, 주인은 상술이 뛰어나고 손님들에게 항상 친절했으며 양을 속이지 않고 정직하게 장사를 했다. 이쯤 되면 장사가 잘 돼야 할 텐데 이상하게도 다른 집보다 술이 잘 팔리지가 않았다. 의아하게 생각한 주인이 마을 어른인 양천에게 왜 장사가 잘 안 되는지 그 까닭을 물어보았다. 요즘 말로 하면 컨설팅을 한 셈이다. 그의 고민을 들은 양천이 되묻는다.

"자네 집 개가 사나운가?"

"그렇습니다만, 개가 사납다고 술이 안 팔립니까?"

아마도 술집 주인은 개와 술이 무슨 관계가 있는가 싶었을 것이다. 그러나 양천의 대답은 다르다.

"당연하지, 개가 사나우면 사람들이 개가 무서워서 자네 집에 가지 않을 것이고 그러면 자연히 장사가 잘 안 되고 술이 팔리지 않아 결국 술이 시어질 수밖에 없지 않은가?"

그렇게 해서 나온 고사성어가 바로 구맹주산이다. 그러니까 앞에 언급한 병원에 있어서 아무리 의사가 친절하면 뭐하는가. 접수대에 있는 사람이 '사나운 개'—맹구(猛狗)의 역할을 하고 있으니 파리를 날릴 수밖에 없는 것이다.

개 한 마리로 인하여 장사가 망하듯이 기업도 마찬가지다. 때로는 한 사람 때문에 고객이 발길을 끊고 결국 망하게 되는 것이다. 돌아보자, 우리 회사의 맹구는 누구인가. 누구 때문에 고객이 발길을 돌리고 있는지 말이다.

# 07 '딱 한 사람'을 관리하라

한비자의 '구맹주산'이 주는 교훈은 무엇인가? 결국 한 사람 때문에 회사가 망할 수 있음을 알려 주는 것이다. 잘 알다시피 '고객 만족'은 고객이 접하는 전체 종업원의 서비스 품질에 대한 평균적 만족도가 아니다. 덧셈법칙이 아닌 곱셈법칙이 적용된다. 100+100+100+0=300이 되는 더하기 법칙이 아니라 100×100×100×0=0의 곱하기가 된다.

예를 들어 당신 회사에 10명의 종업원이 있다고 하자. 그중의 아홉 사람은 친절하고 열심히 일한다. 그런데 아주 불량한 종업원이 한 사람 있다면 그 사람 때문에 회사가 망할 수 있다는 것이다. 그가 사나운 개의 역할을 하기 때문이다. 실제로 많은 사람들이 "그 집에는 ○○○(사람) 때문에 가기 싫다."거나 막말로 "그 녀석 꼬락서니 보기 싫어 거래를 안 한다."는 말을 자주한다.

## 불량한 핵심 요인을 관리하라

많은 고객 만족 이론가들이 인용하는 법칙에 '80 : 20 법칙'이 있다. 파레토 법칙이라고 하는데 100여 년 전 이탈리아의 경제학자인 빌프레도 파레토(Vilfredo Pareto, 1848~1932)가 세상사에서 일정한 룰을 발견하여 제시한 것이다. 즉 기업의 총생산고의 80%는 총생산라인의 20%에서 올리고, 백화점 매상고의 80%는 총고객의 20%가 사 가며, 은행예금의 80%는 20%의 고객이 맡긴다는 것이다. 이것을 고객 만족 경영에 접목하여 아무리 친절하고 소문난 집에도 20%의 불량한 사람은 있게 마련이라고 확대 적용하는 것이다. 실제로 나도 그렇게 강의를 하곤 했다.

그러나 이제 수정하겠다. 20%의 불량한 직원이 있다면 그건 큰일인 것이다. 20%가 아니라 2%, 아니 단 한 사람 때문에 기업이 망할 수 있음을 알아야 한다. 인공지능과 로봇에 의하여 초완벽을 추구하는 4차 산업혁명의 시대에는 더욱 그렇다.

문제는 종업원 스스로가 회사를 망하게 하는 '단 한 사람'에 해당되는지를 모르고 있다는 사실이다. 앞에서 소개된 병원의 간호사도 스스로 자기가 그 병원의 결정적 한 사람인지를 모르고 있을 것이다. 더욱 문제는 경영자—그 병원의 의사도 그 사실을 모르고 있는 것이다. 이렇게 되면 문을 닫는 것은 시간문제다. 아니, 문을 닫지는 않더라도 결코 흥할 수가 없다. 지금처럼 처절한 경쟁의 시대에는 더욱더.

따라서 사원은 사원대로, 경영자는 경영자대로 '딱 한 사람'의 불량한 핵심 요인이 나오지 않도록 철저히 자기를 관리하고 회사를 관리해야 한다. 그것이 회사를 흥하게 하는 첫걸음이 된다.

## 08 사람, 뽑을 때 잘 뽑아야 한다

고객 만족이 성공하려면 뭐니 뭐니 해도 '사람'이 중요하다. 교육훈련을 통하여 바람직한 서비스인(人)을 만들어 낼 수 있지만 더 바람직한 것은 사람을 선발할 때 제대로 잘 뽑는 게 가장 좋은 일이다.

사람은 변할 수 있는가? 이에 대하여는 논자에 따라 갑론을박이 일어난다. 사람은 근본적으로 바뀌지 않는다고 주장하는 사람과, 사람은 바뀔 수 있다고 주장하는 사람으로 말이다. 이렇게 갑론을박이 심하다는 것은 한마디로 사람은 바뀌기 '힘들다.'는 것을 의미한다.

우리의 서비스 현장을 살펴봐도 같은 생각을 하게 된다. 어려운 여건에서도 별다른 교육훈련을 받지 않았음에도 활기차고 친절하게 자기의 직분에 충실한 사람이 있는 반면에 좋은 여건에서도 삐딱

하게 경영진의 속을 썩이는 사람이 있으니까 말이다. 그래서 처음부터 사람을 제대로 잘 뽑아야 한다.

서비스 직원을 채용할 때 가장 고려해야 하는 사항은 무엇일까? 사람을 선발할 때 가장 우선적으로 고려해야 할 사항은 업무 능력이 아니라 태도다. 한마디로 품성이 좋아야 한다.

연구 결과를 살펴보면 실적이 좋은 서비스 기관들은 고용도 매우 까다로운 것을 알 수 있다. 그들은 제대로 된 직원을 뽑기 위해 필요한 만큼 충분한 시간을 들인다. 1883년에 설립하여 100년 전통의 브랜드를 유지하며 사람들로부터 사랑받고 있는 세계 최고 의료기관인 미국의 메이요 클리닉(Mayo Clinic)은 두 사람이 함께 일해야 하는 자리 중 한 사람을 뽑기 위해 적당한 사람이 나올 때를 기다려 아홉 달 동안이나 혼자서 일하게 한 적이 있을 정도다.

팀워크를 해치고 의료기관의 브랜드에 흠이 가게 할 사람이라면 차라리 없는 게 낫다는 판단이었을 것이다. "우리는 신입 사원 한 사람을 뽑을 때도 정말 많은 단계를 거칩니다. 지원자를 가려내고 면담하는 일에도 대단히 많은 사람들이 참여하죠. 그런 선별 과정에서 살아남은 지원자들은 정말 이곳에서 일하고 싶어 하는 사람들입니다." 인사관리부장을 맡았던 매튜 맥클라스의 말이다. 메이요 클리닉의 핵심 가치를 개인적으로 공유하고 그 가치를 유지하는 데 도움을 줄 수 있는 사람을 뽑기 위해 세심하고 철저한 절차를 거치는 것이다.

메이요 클리닉의 사례를 보면서 우리네 기업은 어떤 과정으로 사원을 뽑는지 돌아볼 필요가 있다. 혹시 출신 학교나 스펙 또는 필기시험이나 간단한 면접으로 사람을 뽑는 것은 아닌지, 때로는 외모에 '홀딱 반해서' 판단을 흐리고 있는 것은 아닌지 말이다.

## WETCO 기준

고객을 직접 응대하는 직분에 적합한 사람을 선발하는 기준으로 'WETCO 기준'이라는 것이 있다. WETCO는 아래 다섯 가지 특성의 머릿글자를 딴 것인데 사원을 선발하거나 또는 이미 근무하고 있는 사람이라도 스스로 이 기준에 어느 정도 부합하는지 체크해 볼 필요가 있겠다.

### (1) Warmth(따뜻함)

사람으로서의 친절함이다. WETCO의 다섯 가지 인성 중에서 가장 근본적인 특징이다. 인간은 완벽하지 않으며 결함이 있다는 사실을 흔쾌히 인정하고 받아들이는 것이 핵심이다.

### (2) Empathy(공감)

타인이 느끼는 걸 감지하는 능력이다. 공감은 따뜻함보다 한 단계 위에 있다. 단순히 다른 사람을 좋아하는 것을 넘어 그의 마음을 읽는 것에 더 가깝다. 고객의 욕구가 명확히 드러나지 않더라도 고객이 필요로 하거나 원하는 것을 헤아리는 능력이다.

#### (3) Teamwork(**팀워크**)

'차라리 나 혼자 하는 게 낫겠어.' 가 아니라 '함께 노력해서 일을 이뤄 보자.' 는 태도다. 팀워크는 WETCO의 다른 특성들과 약간 다른 측면이 있다. 고객이 필요로 하는 건 기업가 마인드를 지닌 직원의 도움이다. 그들은 본인 주도하에 상황을 책임지며, 필요하다면 모든 문제를 스스로 해결하려고 한다. 하지만 이런 태도는 조직 내에 불협화음을 일으킬 수도 있다. 팀워크를 선호하는 성향은 갈등을 일으키지 않으면서 문제를 해결하는 완충 역할을 한다.

#### (4) Conscientiousness(**성실성**)

맡은 바 임무를 완수하려는 능력과 의지, 고객서비스에서 성실성은 아주 중요한 특성이다. 그러나 안타깝게도 '사람들과 어울리기 좋아하는' 유형은 성실성이 결여된 경우가 많다. 그것만 아니라면 고객서비스 업무에 딱 맞는 이들인데 말이다. 미소 짓고, 공감하고, 팀과 잘 어울릴 수 있는 직원이라도 고객에 대하여 잘 못한다면 회사의 이미지에 치명적인 해를 끼친다.

(5) Optimism(낙관적 태도)

정신적 스트레스를 잘 털어내고 마음에 담아 두지 않는 능력이다. 고객을 직접 대하는 사람으로서 낙관적 태도는 꼭 필요하다. 고객의 공격을 참아 내지 못하는 사람은 서비스 분야에서 오래 견디지 못한다. 낙관적이지 못한 직원은 고객에게 시달린 끝에 정신이 황폐해질 것이다(『고객에게 특별한 경험을 선물하라』, 마이카 솔로몬지음, 유영훈 옮김, 두드림, 2014).

## 09 우리 회사의 고객 만족에 '딱 하나'를 꼽으면?

지금까지 고객 만족을 성공시키기 위해 딱 하나 서비스 프로세스가 무엇인지 알아봤다. 딱 한 가지 요소가 고객 만족을 성공시키기도 하고 실패에 이르게 한다. 그렇다면 당신이 생각할 때 딱 하나 고쳐야 할 것이 있다면 무엇이라고 생각하는가? 아래에 문제점들을 생각나는 대로 기록해 보고 그중에서 딱 하나만 선택한다면 어떤 것일지 체크해 보자.

“

“돈을 잃으면 조금 잃는 것이지만 건강을 잃으면 모든 걸 잃는 것”이라는 말이 있다. 마찬가지로 고객 만족과 서비스에 있어서, 아니 기업경영에 있어서 실적이 나쁘거나 적자가 나는 것을 조금 잃는 것이지만 신뢰를 잃으면 모든 걸 잃는 것이다. 신뢰를 잃은 상태에서 친절이니 서비스니 하는 것이 무슨 소용이 있는가.

”

# 2장

# 결정적 딱 하나

## —신뢰

YOU JUST NEED TO CHANGE ONE THING

## 01 신뢰가 없는 서비스는 허구다

1997년 여름, 나는 A호텔의 프론트에 입사를 하면서 '서비스' 현장에서 일하게 되었다. 그것은 내게 있어 매우 소중한 경험이요 기회였다. 왜냐면 그 경험은 나로 하여금 서비스를 연구하게 하는 바탕이 되었고 결국 산업교육 강사로 일하게 된 모멘트가 되었기 때문이다.

돌이켜보면 당시 내가 배웠던 서비스는 참 촌스럽고(?) 초보적인 것이었다. 서비스라는 용어 그대로 고객보다 낮은 자세로 임하기를 교육받았고 심지어는 프론트 근무를 설 때는 고객보다 액세서리를 더 화려하게 착용해서는 안 된다거나, 남자 직원들은 금테 안경과 금색의 시계를 차는 것조차 금지될 정도였다.

그로부터 20년. 과연 우리네 서비스는 얼마나 달라졌을까? 우리나라 기업들의 서비스 수준과 고객 만족의 수준은 엄청나게 발전했다. 어쩌면 세계적인 수준이라고 할 수도 있다. 친절이니 서비스니 하면 늘 일본을 들먹이던 우리들 아니던가? 그러나 이제는 일본과 비교하며 강의를 하는 경우는 매우 드물다. 우리네의 독자적인 서비스 체계를 확립하고 발전시키는 데 그만큼 성공했다는 의미가 될 것이다.

그러나 아직도 인사 연습을 시키고 상냥하게 말하는 훈련을 시키며 전화를 잘 받는 교육을 시킬 때면 이제 그 수준을 벗어나야 할 때가 되지 않았는가 돌아보게 된다. 미모의 여자 강사여야 고객 만족 강사로서의 기본 요건을 갖춘 것으로 인식되는 수준을 뛰어넘을 때가 됐다고 본다. 물론 그런 식 교육이 필요하지 않다는 것은 아니다. 그러나 그것을 뛰어넘어 이제는 서비스의 본질에 보다 더 확실하게 접근해야겠다는 말이다.

## 서비스의 본질에 접근해 보자

더구나 지금은 세상이 급변하고 있다. 아니 크게 변하였다. 사람이 하는 서비스의 영역이 급격히 줄어들고 있다. 머지않아 우리들이 하던 인적 서비스(소위 친절 서비스 등)는 인공지능의 로봇이 대체하게 될 것이다. 5년 정도 후에는 은행원의 4분의 1 정도가 필요 없어질 것이라는 우울한 전망도 나오지 않던가. 이미 서비스맨(또는 우먼. 이하 서비스맨으로 통일한다)을 대행하는 로봇이 시험 운전되고 있다는 뉴스도 있었다.

그렇다면 서비스의 본질은 과연 무엇인가? 앞으로 고객 만족이 추구해야 할 서비스의 방향은 어떠해야 하는가? 서비스나 고객 만족을 다루는 사람마다 의견이 분분하겠지만 나는 한마디로 표현하여 '신뢰'라고 결론 내린다. 이것은 즉흥적인 의견이 아니라 그동안 서비스와 고객 만족을 연구하고 강의하면서 내린 신념이기도 한다.

일찍이 프랜시스 후쿠야마는 그의 명저 『트러스트』에서 '신뢰'라는 무형의 가치를 사회 번영의 으뜸 가치로 설파한 바가 있다. 그러나 그것은 비단 사회의 번영뿐만 아니라 서비스에 있어서도 으뜸 가치라고 강조하고 싶다. 믿음이 없다면 그 밖의 서비스란 과연 어떤 의미가 있는가?

고객 만족에 있어서 나에게 결정적인 딱 하나를 꼽으라면 주저 없이 '신뢰'를 선택할 것이다. 신뢰가 없는 서비스는 속임수요 허구며 사상누각이기 때문이다.

## 02 고객 만족은 믿음에서 시작된다

거의 모든 여성이 그렇듯이 내게도 오랫동안 거래하는 단골 미용실이 있다. 내가 그 미용실을 단골로 삼은 이유는 헤어 디자이너 A 때문이다. 그 미용실을 단골로 정하기 전 나는 여러 곳의 미용실을 이용해 보았다. 아마도 여성이라면 이해할 것이다. 자신의 머리를 마음에 쏙 들게 다듬어 주는 헤어 디자이너를 만난다는 것이 얼마나 큰 행운인가를.

내가 그를 처음 만났을 때 "지금까지 헤어 디자이너 여러 사람을 상대해 봤지만 저의 머릿결을 손질하기가 어렵다고 하데요."라고 먼저 실토를 했다. 나의 말을 들은 A의 반응은 다른 헤어 디자이너와 달랐다. "제일 고민되시는 것이 어떤 것이죠?" 라며 질문을 하는 것이었다. 지금까지 상대한 대부분의 헤어 디자이너는 이렇게 말했다.

"손질하기 어려운 머릿결을 갖고 계시네요."라고.

즉, 나의 이야기를 확인하는 데 그쳤다. 그래서 나는 어쩔 수 없이 질이 나쁜 머릿결을 갖고 있다고 생각했고 숙명처럼 받아들였던 것이다. 그런데 A는 내가 왜 손질하기 어려운 머릿결이라고 하는지, 그리고 머리 손질에서 어떤 부분이 고민되는지를 물었던 것이다.

그러고는 "머릿결이 나쁜 게 아니라, 사람마다 머릿결의 특성이 있는데 지금까지 머리 손질을 잘못하신 것 같다."며 머리를 어떻게 가꾸어야 하는지를 나의 특성에 맞춰 상세히 설명해 주었다. 특히 내가 늘 고민하고 있던 앞머리 손질에 대해서 지금까지 아무도 가르쳐 주지 않았던 여러 기법을 알려 주었다. 그는 내가 고민하던 문제를 해박한 지식과 경험으로 말끔히 해소해 주는 것이었다.

그는 참 믿음직스러웠다. 역시 전문가는 다르구나 하는 느낌을 갖게 하였다. 그야말로 머리의 전문가임을 인정할 수 있었다. 우리가 어떤 문제에 봉착했을 때 전문가를 찾는 이유가 무엇일까? 그것은 '믿음' 때문이다. 거꾸로 고객을 상대하는 사람이 믿음을 주지 못한다면 그는 전문가가 아니다.

신기하게도(?) 그가 조언해 준 대로 머리를 손질하고부터 주위에서 머리 스타일이 괜찮다는 평을 듣게 되었고 그럴수록 그가 좋아졌다. 전폭적으로 신뢰하게 되었기 때문이다. 결국 나는 그의 단골이 됐을 뿐 아니라 주위 사람들에게 그곳을 적극적으로 홍보하게 되었다. 이렇게 책을 쓰면서까지 말이다. 고객 만족은 역시 믿음—신뢰에서 비롯됨을 알 수 있다.

## 고객 만족의 성패는 신뢰에 있다

흥미롭게 보았던 디즈니 만화 중에 〈알라딘〉이라는 것이 있다. 공주와 함께 바그다드의 지붕에 갇혀 있던 알라딘은 공주에게 마법의 양탄자에 탈 것을 권한다. 그러나 공주는 과연 양탄자가 공중에 떠서 날아갈 수 있을 것인지 걱정이 되어 잠시 망설인다. 그때 알라딘이 말한다.

"당신은 나를 믿나요?"

공주가 대답한다.

"네, 당신을 믿어요."

그리고 서슴없이 양탄자에 올라선다.

오구스트 본 시레겔은 "모든 위대한 사업은 믿음으로부터 시작된 것"이라 했다. 고객 만족 역시 마찬가지다. 기업이 고객에게 제공해야 할 으뜸도 믿음이요 신뢰다. 우리나라의 상인 중에 으뜸으로 치는 개성상인도 상인 정신의 가치는 "고객에게 신뢰를 남긴다."는 것이었다. 고객에게 제품의 가격과 품질을 속이지 않는 것을 통하여 궁극적으로 고객을 속이지 않는 정직함을 중시했던 것이다. 그것이 오늘날 각 기업에서 고객에게 진정으로 주어야 하는 가치가 아닐까?

멋들어진 인테리어나 미소 띤 얼굴로 고객을 맞으려 하기 전에 고객이 믿고 계속 찾아올 수 있도록 해야 하는 것이 우선일 것이다. 아니 '우선'이 아니라 신뢰야말로 고객 만족의 알파요 오메가라 할 수 있다. 고객 만족의 성패는 신뢰에 있는 것이다.

## 03 신뢰를 잃는 건 한순간

얼마 전, TV와 신문에 황당한 뉴스가 떴다. 아니 황당하다기보다는 엽기적이라고 하는 게 나을 성 싶다. 서울 시내의 5성급 호텔의 객실 청소 실태를 보도한 것이었다. 제작진이 호텔에 머물면서 어떻게 청소하는가를 찍었는데 맙소사! 청소를 하는 직원이 수세미를 변기 물에 적셔 변기를 닦고, 그 수세미를 물에 헹구지도 않은 채 방 안에 비치된 물컵을 씻는 데 사용하는 것이었다. 그뿐이 아니다. 그 컵의 물기는 투숙객이 사용한 후 바닥에 던져 놓은 수건으로 닦았다(TV조선, 2018. 2. 4 및 조선일보, 2018. 2. 6).

바로 그 얼마 전, 중국의 호텔이 그런 식으로 청소한다는 보도를 봤었는데 우리도 그렇다니… 이쯤 되면 다른 숙박업소의 청소 상황은 안 봐도 비디오다. 아니, 실제는 깨끗이 청소를 한다 해도 믿을 수가 없게 됐다. 사실 이건 치명적이다. 앞으로 호텔에 들어가는 사람 중에 컵에 물이나 음료를 마음 놓고 담아 먹을 사람이 몇이나 되겠는가. 내 친구가 말했다. 앞으로 숙박업소에 투숙할 때는 컵과 수건을 갖고 가야겠다고. 건물이 번드르하고 집기가 번쩍이면 뭐하는가. 별 다섯 개의 마크가 과연 무슨 소용인가.

이렇게 신뢰를 잃게 되면 거의 회복이 불가능해진다. 그런 보도가 있은 후, 강의 때문에 호텔에서 숙박하게 됐는데 객실에 있는 컵에 작은 푯말이 세워져 있었다. 무슨 글인가 봤더니 '이 컵은 깨끗한 물로 정성껏 닦은 것입니다.'라고 되어 있었다. 웃음이 나왔다. 그리고 슬펐다. 우리네 현실이 드러났기 때문이다.

그런데 중요한 것은 그 말에 믿음이 가지 않았다는 것이다. 정말 깨끗한 물로 닦았는지 내가 직접 확인하지 않았으니까 말이다. 신뢰란 그런 것이다. 한 번 믿음이 깨지면 회복하기가 거의 불가능해진다. 호텔 측에서 아무리 깨끗하다고 강조한들 누가 믿겠는가 말이다.

고객을 만족시키려면 가장 기본적인 것은 '신뢰'다. 자고로 신뢰를 쌓는 데에는 여러 해가 걸리지만 그것을 잃는 것은 한순간이라고 했다. 세계적인 투자자 워렌 버핏(Warren Buffett)의 말이 생각난다.

"명성과 명예를 쌓는 데는 20년이란 세월이 걸리지만, 그것을 잃는 데는 5분이면 충분하다. 그렇기에 늘 행동하기 전에 생각하여야 할 것이다.(It takes twenty years to build a reputation, and five minutes to ruin it. If you think about that, You'll do things diffidently.)

그렇다. 우리는 지금 어떻게 신뢰를 쌓고 있는지, 그리고 한순간에 무너질 짓을 하고 있지는 않은지 돌아봐야 할 것이다.

## 신뢰를 잃으면 모든 걸 잃는 것

하버드대학교 경영대학원 출신의 30대 젊은이 김범석 씨가 창업한 쿠팡. '쿠폰이 팡팡 터진다.'는 의미를 갖고 출발했다는 전자상거래 소셜커머스 '쿠팡'. 삼성동에 있는 쿠팡 본사의 건물을 보면(특히 밤에 보면) 무지갯빛 미래를 보는 듯 묘한 기분에 휩싸이게 된다. 쿠팡은 배송혁명의 상징처럼 사람들에게 인식된 게 사실이다. 쿠팡이 등장하기 전과 그 이후의 배송 분위기를 비교해 보면 쿠팡의 등장이 어떤 의미가 있는지 알 수 있다.

이전에는 보통, 배송자가 아파트 경비실에 물건을 맡겨 놓거나 심한 경우 문앞에 놓고 사라지는 경우도 있었다. 뿐만 아니라 다른 집에 배달되거나 아예 분실하는 경우도 없지 않았다. 물건을 신청하고 그것이 도착할 때까지 깜깜한 상태에서 하염없이 기다릴 수밖에 없었던 것이다. 그러나 쿠팡이 등장하고 로켓배송을 실시함으로써 다른 배송업체에 비상이 걸린 것은 당연하다. 경쟁적이라 할 만큼 문자메시지가 도착한다. 몇 시부터 몇 시 사이에 물건을 배송할 테니 참고하라는 내용이요, 택배자의 성명과 전화번호까지 나타난다.

좋은 일이다. 그래서 경쟁은 좋은 것이다.

문제는 이제부터다. 쿠팡이 그런 믿음을 갖고 도전에 나섰고 도전에 직면한 기존의 업체는 이에 질세라 서비스 경쟁에 나선 것이다. 결국은 누가 고객의 신뢰를 얻느냐의 경쟁이요 싸움이라 할 수 있다.

문제는 배송 혁명을 일으키며 고객의 신뢰를 한몸에 받은 것 같은 쿠팡에 대해서도 이런저런 불만의 목소리가 나오고 있다는 사실이다. 나는 그동안 개인적으로 쿠팡에 대하여 호감을 가지고 있었고 강의 기회가 있을 때마다 쿠팡의 홍보대사 역할을 자임했었다. 그런데 엊그제 자료를 검색하다가 아뿔싸! 이게 웬일인가. 내 개인의 감정과 판단을 배제하고 언론에 소개된 내용을 그대로 옮기면 이렇다.

〈쿠팡 로켓배송에 제품을 주문해도 쿠팡맨 대신 외주 택배업체 직원이 배송하는 일이 잦다. 이는 분명 배달사기나 다름없다. 당일배송 공약을 지키지 못하는 배경이기도 하다. 소비자는 이에 대해 "쿠팡에 감쪽같이 속았다.", "국민을 대상으로 장난치는구나.", "쿠팡맨 실종!" 등 원색적인 비난을 쏟아낸다.〉(에너지경제, 2016. 6. 22)

나는 솔직히 이것이 사실이 아니기를 희망한다. 우리나라에 신뢰를 바탕으로 전설적인 배송체계를 이행하는 좋은 회사가 꼭 있기를 기대하기 때문이다. 그런데 기사를 보면 문제가 있는 것 같다.

이에 대하여 쿠팡의 고객센터 관계자는 "로켓배송이 가능한 지역에 포함돼 있어도 물량이 많으면 쿠팡맨이 방문하지 않는 경우가 있다."고 해명했고 실제로 배달에 나선 쿠팡맨은 "시간에 쫓기다 보니 로켓배송 시 직접 배달하지 못하는 경우가 많다."고 밝혔다.

물론 안다. 그 사정과 어려움을. 그리고 우리나라의 환경에서 배송 혁명을 일으킨다는 게 기업의 철학과 야심찬 계획만으로 되는 것은 아니라는 사실을 말이다. 그러나 그동안 언론 보도나 입소문을 통해 쌓아올린 쿠팡의 명성과 신뢰는 어떻게 되는가 말이다. 차라리 '로켓배송' 운운하며 소문이라도 나지 않았으면 실망 또한 적었을 텐데… 강조하지만 신뢰를 잃으면 모든 것을 잃는다.

## 04 신용회사의 신용

요즘은 조금 낯설게 느껴지지만 예전에는 은행이나 저축기관을 '신용회사'라고 표현하는 경우가 많았다.

학창 시절에 나는 속으로 "아마도 은행이나 저축기관은 믿을 수 있는 곳"이라서 그렇게 표현하는 줄 알았다. '신용'을 '믿음', '신뢰'로 해석한 것이다. "그 사람은 신용이 있어." 또는 "신용을 잃었어."라고 말할 때의 그 신용 말이다.

신용이라는 것이 한자로는 '信用'으로 표기하는데 같은 한자이면서도 그 용어에 '재화를 주고 받는', 즉 금융이나 은행의 뜻이 포함된 것을 알게 된 것은 한참 후의 일이다(나만 그런가?). 그래서 신용대출은 상대방의 신뢰를 바탕으로 돈을 꾸어 주는 것이 되는 '믿음'의 의미가 되지만 '신용카드'는 '믿음카드'의 의미가 아니라 금융거래카드의 뜻이 되는 것이다.

'신용'이 믿음의 뜻이든 금융거래를 의미하든 간에 한자 표기가 같다는 것은 매우 의미심장하다. 즉 금융거래란 믿음, 신뢰를 바탕으로 하는 상행위라고 유추 해석할 수 있겠기 때문이다. 실제로 60~70년대에 우리나라에 있어서 가장 믿음을 주는 곳은 금융기관이었다. 하루 업무를 끝내고 마감 시간이 되면 단돈 1원의 착오를 결코 용납하지 않고 끝까지 추적해서 그 오류를 찾아내야 퇴근하게 된다는 이야기를 은행에서 일하는 선배로부터 전해 들으면서 그 꼼꼼함과 정확함에 감탄을 했던 적도 있다.

신용이란 이렇듯 믿음이요 신뢰다. 그리고 그것은 꼼꼼함이요 단 한 치의 빈틈도 허락되지 않는 정확함이다. 그것이 바로 금융거래의 특성이라 할 수 있겠다.

그런데 실상은 어떤가? 고객이 알지도 못하는 사이에 돈이 빠져나갔다고 뉴스에 크게 보도되는 일이 종종 발생하는가 하면, 전산망이 해킹되어 고객의 정보가 북한으로까지 넘어갔다는 소문도 듣는 경우가 있다. 그런 경우는 피하기 어려운 사고라고 치자. 그런데 때로는 의도적으로 고객을 속이는 경우도 없지 않다. 속인다고 해서 민형법상으로 크게 문제가 되는 사기까지는 아니더라도 말이다.

## 기대가 크면 믿음이 깨진다

가장 최근의 일로 기억에 남는 것은 '개인종합자산관리계좌(ISA)'가 등장했을 때다. 금융전문가나 새로운 용어에 쉽게 적응하는 젊은이가 아니면 그게 무슨 의미인지도 아리송했지만 그 수익률과 편리성을 놓고 크게 선전하더니 실상은 그게 아니라는 뉴스가 떴었다. 그러니 세상에 기막힌 만능통장이 나오는 것으로 크게 기대를 걸었던 고객의 입장은 어땠을까? 기대가 크면 실망이 크다는 것은 상식 중의 상식. 고객 만족 경영의 이론에 조차 고객의 기대를 너무 키우지 말라는 경고가 있지 않던가. 기대를 충족시키지 못한다는 것은 실망에서 끝나는 것이 아니다. 그것이 결국 신용을 생명으로 하는 은행의 신용도, 즉 믿음을 깨게 된다는 말이다.

더구나 ISA를 판매하고 나서 몇 달이 지나 은행들이 수익률을 첫 공시했을 때 모 탤런트까지 동원하며 광고를 크게 하는 모 은행이 수익률을 부풀려 공시한 것이 문제가 되고 실수였다고 사과하는 일이 벌어졌으니 이를 어떻게 봐야 할까?

물론 나는 수익률 뻥튀기가 의도적이었다고 보지 않는다. 그러나 그것이 실수이든 아니든 간에 다른 곳에서 "뭔가 이상하다."는 지적을 받고 정정했다면 신뢰에 먹칠을 한 것은 분명하다.

꼭 ISA만의 이야기가 아니다. 하나의 사례로 이야기했을 뿐 신용사업을 하는 신용회사들은 그 명예를 걸고 명실상부한 믿음의 거래, 신뢰의 거래에 목숨을 걸어야 한다. 신용회사에서 신용을 빼면 무엇이 남는가. 고객에게 신용을 지켜 줄 것을 요구하기 전에 금융기관의 신용회복이 매우 중요하다고 본다.

꼼꼼하고 정확하게 일처리를 하는 것—그것이 신용이 첫걸음이다.

## 05 MOT가 주는 메시지

고객 만족 경영에서 중요하게 다루는 개념에 MOT(moments of truth)라는 것이 있다. 지금은 고전이 된 느낌이지만 서비스에서는 아직도 매우 유효한 개념이다.

'진실의 순간' 또는 '결정적 순간'으로 해석되는 MOT는 고객 만족 경영의 시발점이라 할 수 있는 SAS(스칸디나비아 에어라인)를 얀 칼슨 사장이 혁신하면서 서비스 경영에 도입한 개념이며 동시에 그의 저서 제목이기도 하다. 그러나 이 용어는 원래 스웨덴의 마케팅 학자 리차드 노만(Richard Normann)이 처음 사용한 것으로 알려져 있다. 리차드 노만은 얀 칼슨이 SAS에 고객 만족 경영을 도입했던 초기 단계에 많은 핵심 아이디어를 제공한 경영 컨설턴트이다.

MOT는 원래 투우용어인데, 투우사가 소와 일전을 겨루는 과정에서 여러 개의 창을 투우에 꽂아 잔뜩 약을 올린 후, 죽을힘을 다해

덤벼드는 소에게 결정적인 최후의 일격을 가하는 절체절명의 순간을 뜻하는 말이다. 이를테면 결정적 순간이다.

그렇다면 MOT, 결정적 순간에 고객에게 제공하는 서비스는 어떤 서비스여야 할까? 무엇이 결정적 서비스일까? 지금까지의 고객 만족 이론에서는 MOT를 고객과 서비스맨이 거래를 위해 만나는 순간에 나타나는 인적(人的) 서비스와 관련된 개념으로 설명하였다. 바로 그 순간에 고객이 서비스에 대하여 좋은 인상을 갖도록 하자는 것이다. 그래서 서비스에 만족하게 하자는 것이다.

그런데 그 좋은 인상과 만족이란 과연 무엇일까? 잘 웃는 것, 상냥한 말, 상큼한 미소, 화끈한 일처리 등등을 떠올릴 것이다. 실제로 CS교육도 그런 면에 집중하여 실시되어 왔다. 물론 그런 것도 중요하다. 그러지 못하면 결정적 순간은 그야말로 서비스의 파탄을 몰고 오는 결정적 순간이 될 것이다.

## 결정적 순간은 믿음의 순간이다

그러나 나는 그에 더하여 좀 더 다른 해석, 확대된 정의를 내리고 싶다. 우선 영어 표현을 다시 살펴보자. MOT는 즉 moments of truth다. 잘 보라. 나는 그 단어들 중에 truth에 주목한다. truth가 뭐냐? 진실, 믿음, 신뢰로 번역되는 단어다. 그런 의미에서 MOT는 진실이 전달돼야 하는 순간이요 믿음을 주는 순간이며 신뢰를 얻는 결정적인 순간이다. 그런 의미로 해석하고 받아들여야 한다. 그런 면에서 리차드 노먼이 결정적인 순간을 moments of truth라 표현한 것은 탁견이요 선견지명이라고 본다.

따라서 MOT에서 제공하는 서비스는 무엇보다도 신뢰의 서비스여야 한다. 진심어린 서비스여야 한다는 말이다. 이 점을 바르게 인식하고 서비스맨은 고객을 상대해야 한다.

06

# 최고의 친절은 신뢰

2011년 9월 27일 아침 6시경. 2주간의 휴가를 우리나라에서 보내기로 한 독일인 대니얼 부부는 강릉을 돌아보고 경북 안동의 하회탈 축제를 보러 가기 위해 강릉 고속버스터미널 앞에서 강릉역까지 택시를 탔다. 그런데 택시에서 내려 강릉역을 향하던 부부는 아차! 했다. 택시에 물건을 놓고 내린 것이다.

택시에 지난 1년간 찍은 사진과 그리고 휴가 동안 우리나라를 여행하면서 찍은 사진이 들어 있는 카메라(150만 원 상당)를 두고 내린 것. 얼마나 당황했을까? 말도 잘 통하지 않고 지리도 낯설고 말이다. 어쨌거나 부부는 강릉역 입구에 있는 강릉경찰서 중부지구대를 찾아 도움을 청했다. 솔직히 큰 기대는 하지 않았을 것이다. 세계를 여행해 본 사람이기에 더 잘 알 것이다. 낯선 여행지에서 택시에 놓고 내린 물건을 찾는다는 것이 얼마나 어려운지를. 더구나 며칠 후면 한국을 떠나야 하는 시간의 촉박성을 감안하면 더욱더 말이다.

이때 중부지구대에서 부부를 만난 이는 박 모 경장으로 야근을 끝내고 아침에 퇴근을 준비하고 있던 터다. 그러나 부부의 딱한 사정을 들은 그는 퇴근을 미루고 물건 찾기에 나선다.

박 경장은 부부가 택시를 탔던 터미널과 도착지였던 강릉역 주변의 택시기사들과 관내 택시회사를 일일이 수소문하여, 드디어 택시 차량번호의 두 숫자를 알아낸 뒤 다시 비슷한 번호가 있는 택시 30여 대를 선별해 일일이 전화하고 찾아다닌 끝에 한 택시기사가 거주하는 아파트에 직접 찾아가 택시 뒷좌석에 놓여 있는 카메라 가방을 발견, 부부에게 카메라를 돌려주는 데 성공하였다.

## 친절이 믿음과 사랑으로 확대된다

상황을 상상해 보라. 언어도 얼굴 모습도 다른 동양의 어느 나라에서 애지중지하는 물건을 잃고 발을 구르고 있을 때, 신속하게 수사하듯이 추적하여 4시간 만에 카메라를 들고 나타나는 동양의 경찰관을 바라보는 독일인 부부의 표정과 심정을 말이다. 더욱이 박 경장은 가슴을 졸이다가 안동행 기차에 몸을 싣는 부부에게 간단한 음료와 간식까지 전해 더욱 깊은 감동을 줬다.

박 경장은 “나도 예전에 유럽여행 중 영국 런던에서 카메라를 도둑

맞았던 경험이 있어 부부의 안타까움을 누구보다 잘 알고 있었다."며 "그러나 경찰이라면 누구나 그렇게 했을 것"이라고 겸손해했지만 이게 쉬운 일인가? 이거야말로 국가의 명예를 지킨 것이다.

그들 부부는 귀국 후 강원지방경찰청 홈페이지에 'Thanks to police station in Gangneung'이란 제목으로 "세계 어느 나라의 경찰도 할 수 없는 매우 친절하고 적극적이며 겸손한 강릉경찰서 박○○ 경장을 비롯한 한국 경찰에 감사의 마음을 전한다."는 글을 남겼다.

그러고는 해가 바뀐 2012년 1월 3일 강릉경찰서 중부지구대엔 국제소포 하나가 배달됐다. 소포 속에는 '사랑하는 강릉경찰서 직원 여러분'으로 시작하는 한글 및 영문 편지 2통과 독일의 지역특산물인 초콜릿과 커피, 독일 라이프치히 관광안내 책자 2권 등이 담겨 있었다. 발신인은 다름 아닌 독일인 대니얼 부부였다. 새해를 맞아 인사편지와 선물을 보낸 것.

부부는 편지에서 "경찰 직원 여러분의 봉사정신과 친절함은 정말 감동적이었습니다. 그래서 저희는 또다시 한국으로 여행할 것을 생각하고 있습니다. 한국은 멋진 문화와 친절한 사람들이 있는 곳이라고 생각합니다."라며 고마움을 전했다(강원일보, 2012. 1. 6).

감동이다. 한국 경찰도 그리고 고마움을 아는 대니얼 부부도. 이것이야말로 친절이니 서비스니하는 것을 뛰어넘는 인간에 대한 깊은 신뢰요 사랑이 아닐까? 이렇게 친절은 믿음과 사랑으로까지 영역을 확대한다. 친절은 그래서 소중하고 위대한 것이다.

## 07 고객을 속이지 마라

지인 C의 경험담이다. 서울의 이름난 백화점. 소위, 명품 코너라는 데서 가방을 샀단다. 그런데 하필이면 그 가방이 백화점에 진열된 것 하나밖에 없었다. 그걸 그냥 살까 하고 이리저리 살펴보니 여러 군데 흠집이 있었다. 진열된 것이니 아무래도 많은 사람들의 손을 탔을 것이다. 이왕 백화점에서 물건을 살 바에야 누가 헌것(?)을 사겠는가. 그 가방을 살 의향을 알아차린 종업원이 말했다. "본사나 다른 대리점에 수소문해서 새것으로 갖다 주겠다."고. 그래서 가방을 주문한 것이다.

그런데 며칠 후 배달된 가방을 보고 그는 아연실색했다. 뚜껑을 열어 안쪽을 살펴보다가 한쪽 벽에 붙어 있는 지퍼를 열었는데 하얀 봉투가 나왔고 그 봉투 속에는 어떤 사람의 이혼 관련 서류가 있었던 것이다. 결국, 누군가 구입했다가 하루 이틀 사용하고 반품한 물건이라는 의미가 된다. 아마 백화점 종업원도 그 안에 그런 서류가 있으리라고는 생각지 못했을 것이다.

이쯤 되면 백화점이라 할 수도 없다. 믿을 수 없게 될 것이고 앞으로 누가 그런 곳을 거래할 것인가 말이다.

## 진실보다 중요한 것은 '감정'

이와 비슷한 경험을 나도 해 봤다. 남편의 신사복을 구입하는데 마침 딱 맞는 사이즈의 옷이 없었다. 백화점 종업원이 요구하는 사이즈의 옷을 찾아서 택배로 보내 주겠다고 했다. 당연히 그것을 믿고 대금을 지불했다. 그리고 3일 후 옷이 배달되어 왔고, 퇴근한 남편에게 건네주었다. 그런데 옷을 입고 거울에 비춰 보면 이곳저곳을 점검하던 남편이 소리친다.

"이거 누가 입었던 건가 봐!"

남편이 놀란 이유는 이랬다. 남성 신사복이 새 옷이라면 모든 주머니가 봉해져 있다는 것이다(그때까지도 나는 남성복이 그런 줄 몰랐다). 그래서 신사복을 사면 가장 먼저 하게 되는 게 주머니를 봉하고 있는 실을 푸는 것이란다. 그런데 그 옷은 모두 열려져 있었던 것이다.

나는 남편에게 "뭘 그런 걸 신경쓰느냐. 흠집만 없으면 되는 거다."라고 얼버무리며 그냥 입게 했지만, 내심 찜찜했다. 누군가 입다가 반품한 옷이 아닌지 의심스러웠다. 그리고 그런 의심으로 옷을 샅샅이 살펴보니 괜히 이런저런 흠집이 발견되었다. 다를 때 같으면 그냥 넘어갈 수 있는 부분이었는데도 트집을 잡게 되는 것이었다. 이것이 인간의 심리일 것이다.

백화점 측에 문제를 제기했다면 아마도 여러 가지 이유를 대며 해명을 할 것이다. 그러나 진실이 무엇이냐가 중요한 게 아니라 '속았다.' 고 생각하는 우리—고객의 감정이 중요한 게 아닐까?

때로는 상품에 문제가 있어서가 아니라 고객의 사정 때문에 반품된 물건을 다시 되팔 수 있다. 물건에 하자가 없으면 당연한 일이다. 그러나 그런 상품을 판매한다면 좀 더 꼼꼼히 살펴서 고객으로 하여금 기분 언짢은 일이 일어나지 않도록 좀 더 꼼꼼히 보완했어야 할 것이다. 어찌 보면 별것 아닌 '딱 하나' 가 전부를 부정하게 만드는 것이다. 그래서 서비스는 철두철미하지 않으면 안 된다. 완벽을 추구해야 하는 이유가 그것에 있다.

## 08 제품의 신뢰가 먼저다

'제품의 신뢰가 먼저다' 라는 제목의 글을 쓰면서 나는 여러 번 눈물을 훔치고 가슴을 쓸어내려야 했다. 우리 가족이 겪었을 수 있는 불행이라는 생각에서 더욱 마음속 분노가 일어났던 사건, 그것은 바로 '옥시 가습기 살균제 사건' 이다.

'옥시 가습기 살균제 사건' 은 기업, 정부, 학계 모두가 옥시의 가습기를 사용하는 고객을 대상으로 참담하리만큼 만행을 저지른 사건이다. JTBC의 시사 프로에서는 이 사건을 '침묵의 합창' 이라고까지 표현했다. 지금까지 밝혀진 사망자 수만 해도 239명이고, 예상되는 사상자 수는 1,500명에 이르고 있는 것이다.

언론에서 보도되는 다양한 자료를 접하면서 가장 가슴이 아팠던 것은 그야말로 성실하고, 가족을 사랑했던 주부들이 아이들에 사용하는 가습기를 좀 더 깨끗하게 하기 위해서 직접 마트에서 샀던 제품을 사용했다는 것이었다. 청결하게 가족의 건강을 지키고 싶어서 사용했던 가습기 살균제가 사실은 오히려 가족을 비극으로 빠트린 원인이 되었다는 것이 살아남은 가족에게 참기 힘든 고통을 느끼게 하는 지점이었다. 고등학생 자녀를 기르고 있는 엄마의 입장으로서 가습기 살균제 사건의 피해자들에 대한 사연을 보고 있노라면 저절로 눈물이 흘렀다.

## 상품의 믿음부터 확보해야

기업이 제공하는 서비스는 물적, 시스템, 인적 서비스로 나뉠 수 있다. 그중에서도 가장 중요한 것은 어쩌면 물적 즉 제품에 대한 신뢰도 확보가 우선시되어야 한다. 인적 서비스가 아무리 훌륭해도 제품의 품질이 우수하지 않다면 인적 서비스만으로 고객의 충성도를 확보하기란 쉬운 일이 아니다.

간단한 예로 자주 가는 식당을 보더라도 음식의 맛이 우선되고 거기에 사장님 이하 서빙을 하는 종업원까지 친절하다면 다시 찾게 되지만, 음식의 맛은 형편없는데 종업원이 친절하다고 그 식당의 단골이 되는 것은 거의 불가능하다고 본다.

식당 중에는 속칭 '욕쟁이 집' 또는 '욕쟁이 할머니집', '욕쟁이 할아버지 집'이라 불리는 곳이 있다. 주인이 손님을 응대할 때 욕설을 섞어서 말하기에 붙은 별명이다. 친절해도 부족할 텐데 욕을? 물론 젊은 주인이 손님에게 욕을 한다면 싸움이 붙거나 문제가 될 것이다. 그러나 노인의 욕은 때로 친근하게 다가올 수 있다. 그런데 욕을 해도 그 집을 친근하게 느끼고 손님이 모이는 것은 어떤 이유에서일까? 딱 하나 때문이다. 상품을 믿기 때문이다. 음식맛이 좋기 때문이다. 욕을 먹으러 그곳에 가는 게 아니라 그 맛난 음식, 믿을 수 있는 음식을 먹으로 그곳에 간다. 덤으로 욕까지 먹으면서 말이다. 상품에 대한 신뢰가 친절보다도 한 수 위임을 입증하는 사례가 될 것이다.

기업이 고객을 사로잡기 위해서 제일 원칙으로 삼아야 하는 것은 먼저 제품의 신뢰부터 확보하는 것이다. 제품의 기본이 되지 않은 상태에서 아무리 좋은 인적 서비스를 제공한다고 해도 그것은 절대 오래가지 못한다.

인적 서비스는 중요하지만, 서비스의 주는 상품의 경쟁력이다. 고객은 좋은 상품이라는 것을 전제하에 인적 서비스를 기대하는 것이다. 진정한 신뢰는 제품에서 오는 것이지, 친절에서 오는 것이 아니다. 상품의 신뢰가 밑받침되지 않고 고객에 대한 인적 서비스가 되었을 때 이것을 우리는 '거짓' 또는 '사기'라 한다.

09

# 신뢰와 관련하여 바꾸어야 할 '딱 하나'를 꼽으면?

지금까지 고객 만족을 성공시키기 위한 으뜸 요소로서 '신뢰', '믿음'에 대하여 살펴보았다. 신뢰야말로 고객 만족이 성공할 수 있는지 없는지를 가름하는 첩경이다. 그렇다면 우리 회사, 우리 상품에 있어서 신뢰와 관련하여 딱 하나 고쳐야 할 것이 있다면 무엇이라고 생각하는가? 아래에 문제점들을 생각나는 대로 기록해 보고 그중에서 딱 하나만 선택한다면 어떤 것일지 체크해 보자.

“

매일 10분간 고객을 위한 각별한 서비스로 무엇을 해 볼 것인지 생각해 보고, 동료들에게도 똑같이 하도록 권유하라. 100명이 일한다고 하고 공휴일 등의 휴일들을 계산하더라도 1년에 2만 4,000개의 새로운 예의 바른 행동이 나올 수 있다. 그러한 것이 바로 혁명이다.

—톰 피터스(Tom Peters), 『서비스 달인의 비밀 노트』(론 젬키 크리스틴 앤더슨 지음, 구본성 옮김, 세종서적)에서

”

3장

# 마음 하나 바꾸기

—서비스십

YOU JUST NEED TO CHANGE ONE THING

## 01 마음을 바꾸면 세상이 바뀐다

버지니아 아주엘라(Virginia Azuela). 고객 만족을 이야기할 때 자주 등장하는 그녀는 원래 필리핀 출신이다. 1974년, 27세의 꽃다운 나이에 아메리칸 드림을 꿈꾸며 미국으로 건너갔다. 그러한 그녀가 낯선 땅에서 선택할 수 있는 직업은 별로 없었다. 전전긍긍, 우여곡절 끝에 자리를 잡은 것은 샌프란시스코의 리츠칼튼 호텔의 청소부였다.

그곳에서 그녀는 고객서비스 향상을 위한 고객 만족과 품질경영의 교육을 받았다. 그런 교육을 받을 때 대부분의 동료 청소부들은 불평이 많았다. "청소 따위의 허드렛일을 하는 우리에게 무슨 놈의 고객 만족 경영이냐."고 거부반응을 보이거나 마지못해 응하는 식이었다.

그녀는 달랐다. 자신이 하는 일을 결코 단순한 허드렛일로 여기지 않았다. 결국 투숙객이 느끼는 호텔에 대한 만족 여부는 객실서비스에 의해 좌우된다고 생각하였다. 그래서 자신의 업무가 호텔의 이미지를 결정짓는 가장 중요한 업무라고 생각했다. 더구나 객실을 청소하고 정돈하는 일은 다른 서비스와 달리 고객과 서로 얼굴을 맞대지 않는 상태에서 이뤄진다. 그러기에 고객이 어떤 서비스를 원하는지 알 수가 없다. 그 점에 그녀는 주목하였다. 고객이 보지 않기에 대충하는 것이 아니라, 그러기에 오히려 더욱 세심한 주의와 노력이 필요하다고 생각했다. 기특하다. 아무것도 아닌 것 같지만 대단한 발상의 전환이다.

그리하여 객실을 청소하면서 언제나 '고객 만족 제일'이라는 총괄품질경영의 구호를 떠올렸다. 작업을 하면서도 늘 어떻게 하면 고객을 더욱 만족시킬 수 있는지 깊이 생각하였다. 깊이 궁리하고 노심초사하면 당연히 좋은 아이디어가 나오게 마련이다. 그렇게 떠오른 좋은 아이디어를 그녀는 행동으로 옮겨 실천하였다.

몇 가지만 보자. 그녀는 청소 도구와 비품을 담은 카트에 메모 수첩을 걸어 두고 그것에 고객의 이름과 특성, 습관, 그리고 무엇을 원하는지 일목요연하게 꼼꼼히 기록하였다. 일종의 서비스 매뉴얼인 셈이다. 그 메모에 따라 고객별 맞춤 서비스를 하였다.

예컨대 수건을 많이 쓰는 고객에게는 수건을 많이 비치해 주고, 특정한 신문을 원하는 고객에게는 그 신문을 넣어 주는 식이다.

그뿐이 아니라, 청소 작업의 생산성을 높이기 위해 침대보 정리를 비롯하여 욕실 청소의 작업방법 등 개선할 수 있는 것은 모두 개선하였다. 이런저런 실행을 해 본 결과 침대보를 정리할 때도 혼자서 하는 것보다 2인 1조의 청소작업이 더 효율적이라는 사실을 알아내고 동료들에게 전파하였다. 그런 식으로 그녀가 생각해 낸 방법은 한두 가지가 아니다.

그녀는 자신이 개선해 낸 서비스 방법을 매일 이뤄지는 라인업 미팅에서 발표하여 모든 직원들이 공유할 수 있도록 하였다. 필리핀 출신의 청소부 한 사람이 세계적인 호텔의 서비스 품질과 체계를 바꾸는 구심점이 된 것이다.

드디어 리츠칼튼 호텔은 높은 생산성과 최상의 서비스 품질로 미국의 권위 있는 생산성 및 품질대상인 '말콤 볼드리지 대상'을 수상하게 되었다. 그것은 결국 아주엘라의 노력과 노하우가 호텔 전체로 확산된 데서 비롯된 것임은 말할 것도 없다.

그런 공로로 그녀는 호텔 직원에게 주어지는 가장 영예로운 파이브 스타(Five Star)상을 받았고 미국의 세계적인 경영평론가 톰 피터스는 그녀를 가장 전형적인 지식인의 한 사람으로 꼽았다.

## 마음을 바꾸면 인생이 바뀐다

이 사례는 잘 알려져 있다. 고객 만족이나 직업관을 이야기하는 여러 책에 자주 등장한다. 그런데 우리가 여기서 주목할 것은 그 많은 호텔 종사자—아주엘라의 동료들까지—회사의 방침과 고객의 행태에 대하여 불평불만하기 바쁜데 왜 아주엘라는 저렇게 할 수 있었을까 하는 점이다.

결론은 간단하다. 마음 하나 바꾸면 그렇게 된다. 직업관이니 프로정신이니 하는 거창한 표현을 할 필요도 없다. 생각을 바꾸면 전혀 다른 행동이 나오게 된다. 세상을 어떻게 보느냐, 고객을 어떻게 생각하느냐에 따라 서비스가 달라지고 결국 자신의 인생이 달라진다. 단지 마음 하나 바꾸면 말이다.

당신은 지금 어떤 마음, 어떤 생각으로 일하고 있는가? 세상과 고객을 어떤 시각으로 보고 있는가? 긍정인가 부정인가? 아니면, 거부하는가 받아들이는가? 문제는 그것에 있다. 이름하여 거창하게 '서비스십' 이라 하지만 결국은 생각 하나, 마음 하나 바꾸면 되는 것이다. 생각을 바꾸면 삶이 바뀌고 세상이 바뀐다.

## 02 '원칙'이 그렇게 중요한가

친구들과 늦은 오후에 모임이 있어서 인터넷에서 검색한 맛집을 가기로 했다. 처음 가 보는 곳이라 은근히 걱정이 되었다. 인터넷에서 맛집으로 소문난 곳 중에 이름값을 못하는 곳이 의외로 많다는 이야기가 있어 더욱 그랬다. 그래도 그곳은 여러 매체를 통해 이미 잘 알려져 있기에 어느 정도 기대를 갖고 그곳을 찾았다.

그날은 몹시 추웠다. 바람까지 거세서 체감온도는 더욱 낮았고 숙녀답지 않게(?) 코를 훌쩍거려야 할 상황이었다.

허물어지는 상가 거리를 젊은 청년들이 열정을 갖고 새롭게 조성했다는 음식 골목은 그런대로 고즈넉한 분위기를 풍기고 있었다. 왠지 푸근한 인상을 준 것도 사실이다. 손글씨로 만든 조그마한 간판들이 수줍은 듯 고개를 내밀고 있어 여느 상점 거리와는 달랐다.

우리 일행의 기대는 조금 더 높아져 갔다.

음식 골목을 한 바퀴 돌며 분위기를 익힌 우리는 드디어 점찍어 둔 음식점 앞에 섰다. 그런데 출입문 유리창에 '6시 영업 시작' 이라는 푯말이 걸려 있었다. 시계를 보니 5시 40분. 영업 시작 20분 전이다. 난감했다. 무엇보다도 몹시 추웠기 때문이다. 주위를 살펴보니 음식점마다 똑같은 푯말이 걸려 있었다. '이걸 어쩐담.' 마땅히 추위를 피할 곳이 없음을 알게 된 우리는 하는 수 없이 그 음식점의 문을 슬며시 열고 고개를 들이밀었다. 그 안에서는 젊은 청년 둘이서 식사를 하고 있었다. 복장으로 봐서 종업원들인 것 같았다. 아마 영업 전에 식사를 미리 해 두려는 것이리라. 그중 한 사람이 우리를 발견하고는 먼저 말을 건넸다.

"6시부터 영업입니다. 이따가 오시지요."

그의 말투는 싸늘한 날씨만큼 차가웠다.

"밖이 추워서 그러는데, 안으로 들어가서 대기하면 안 되겠어요?"

우리는 비굴한 자세로 상냥하게 부탁했다.

그러나 그들에게서 돌아온 답은 단호하였다.

"6시에 오시죠."

어쩔 수 없이 문을 닫고 돌아서는 데 친구들이 한마디씩 내뱉었다.

"젠장!(사실은 이보다 더 심하게 말했다)"

"야! 다른 집으로 가자."

"배가 불렀구만."

순간 나의 직업의식이 발동했다. 먹고 싶고, 찾고 싶어 어렵사리 찾아왔지만 그들은 고객의 상황은 전혀 알지도 알려고 하지도 않았다. 언젠가 종로에서 영업을 시작하기 전에 들어간 어느 음식점에서는 종업원이 "아직 영업은 하지 않습니다만, 조금 있다가 오시든가, 아니면 들어오셔서 불편하시더라도 저쪽 자리에서 좀 기다리셔도 됩니다."라고 안내하던 상황이 갑자기 떠올랐다.

어쩔 수 없이 우리는 칼바람이 몰아치는 그 골목을 20분 동안 거닐면서 투덜거리며 추위와 싸워야 했지만, 나로서는 진정한 고객 만족이 무엇인지, 친절의 참된 의미는 무엇인지를 생각하는 기회가 됐다(친구들은 다른 식당으로 가자고 보챘지만 나는 그 집의 서비스를 끝까지 체크해 보고 싶은 생각에서 끝까지 버텼다. 좋은 '강의 소재', '글 소재'를 제공해 준 것에 감사하면서).

## 무엇을 위한 원칙인가?

과연 서비스에 있어서 '원칙'이라는 게 무엇인가? 그 종업원은 자기 업소가 원칙 중심의 경영을 한다고 생각할지 모른다. 물론 원칙을 지키는 것은 중요하다. 문제는 그 원칙이 칼같이 지켜야 할 만큼 가치 있는 것인가 하는 점이다.

생각 하나 바꾸면 원칙에 대한 시각도 달라질 것이다. 자고로 "예외 없는 원칙은 없다."는 말도 있지 않던가. 어쨌거나 중요한 사실은 나를 비롯하여 함께 갔던 친구들은 다시는 그 식당을 찾지 않을 것이라는 점이다. 그 점원이 그걸 알고 있을 리 만무하지만.

리 코커렐은 『완벽한 서비스는 어떻게 탄생되는가?』(리코 커렐 지음, 신현정 옮김, 갈매나무, 2015)에서 서비스에 대하여 언급하며 부모님이 어떤 서비스를 받으면 좋겠는가를 생각해 보라고 하였다. 즉, 고객을 응대하는 그 순간에 "지금 내가 하는 이 서비스 응대 방식을 우리 부모님이 겪으신다면 만족하실까?", "지금 내가 설명해 주는 이 말을 우리 부모님은 이해하실까?", "지금 내가 짓고 있는 표정을 보고 우리 부모님은 밝은 표정이라고 생각하실까?" 그렇게 부모님의 입장으로 대입하여 생각해 보라는 것이다. 리 코커렐의 이야기를 맛집 골목의 원칙만을 고집하던 그 청년들에게 들려주고 싶다.

우리가 만약 그들의 부모였다면 "6시에 오라."고 말할 수 있었을까? "지금은 준비 중이니 이따가 오라."고 할 수 있을까? 엄동설한의 강추위에 말이다.

그 해답이 명확한 것만큼 서비스의 기준도 명확하다고 생각한다. 원칙도 중요하지만 사람 냄새가 나는 서비스가 중요하다. 그것은 결국 마음 하나 바꾸는 것에서 비롯되는 것이다.

## 03 고객은 누구나 VIP

그는 가구 디자이너다. 직접 가구를 만들기도 한다. 어느 날 그는 자신이 디자인한 가구에 사용할 손잡이를 구입하러 가구 전시장에 들렀다. 손잡이를 고르던 그는 한편에서 다른 고객과 점원이 대화를 나누는 것을 듣게 된다.

점원: "아, 글 쓰시는구나. 그럼, 글 쓰실 때 다리를 꼬고 쓰시는 편인가요?"

고객: "다리요? 글쎄요…."

점원: "다리가 조금 긴 편이시라 이 의자는 좀 아쉬울 것 같네요."

고객: "아, 다리 길이하고 의자하고 관계가 있어요? 몰랐네…."

점원: "혹시 다른 원하시는 스타일 있으세요?"

고객: "오래 앉아 있을 때 편하고, 밝은 색상에 팔걸이도 있고…."

점원은 고객을 따뜻한 눈빛으로 바라보며, 고개를 끄덕이면서 경청하였다. 그러고는 마치 자신이 사용할 의자를 고르듯이 정성을 다하는 모습에서 깊은 인상을 받는다.

이 장면은 영화 〈뷰티인사이드〉에 나오는 장면이다. 영화의 스토리는 이렇듯 친절하게 고객을 대하는 여점원 한효주와 그녀에게 첫눈에 반한 남자주인공 우진과의 사랑 이야기다. 그런데 우진이 효주에게 깊은 사랑에 빠지게 되는 이유와 과정이 흥미롭다.

영화는 현실과 환상을 넘나든다. 즉, 남자주인공 우진은 현실과 환상 사이를 오가는 현상을 매일 겪는다. 아침에 눈을 뜨면 '사람'이 변한다. 나이도, 국적도, 심지어 성별까지도. 어제는 아이였다가 오늘은 할아버지로, 내일은 한국인 여자였다가 모레는 일본 여자로. 때로는 흑인이 되었다가 백인이 되기도 한다. 이렇듯 달라진 모습으로 거의 매일 그 가구 전시장을 찾아 그녀를 만난다. 그러면서 한효주의 매력에 점점 빠져들어 깊이 사랑을 하게 된 이유는 무엇일까?

"그녀는 내가 어떤 모습이든 한결같았다."

우리는 그의 독백에서 해답을 얻는다.

'어떤 모습이든 한결같았다.'는 그의 말에서 우리는 서비스맨이 마음 깊이 새겨야 할 덕목 하나를 발견하게 된다. 고객이 어떤 신분, 어떤 모습, 어떤 사람이든 한결같이 대해야 한다는, 그리고 그리하여야 '사랑'을 얻게 된다는.

고객 응대자도 사람인 이상 고객이 어떤 모습이냐에 따라 호불호가 있을 수 있다. 젠틀한 고객에게는 호감이 갈 것이며, 신분이 높거나 외모가 출중한 고객에게는 그만큼 더 관심이 갈 것이다. 때로는 이성적 호감을 가질 수도 있다. 그러나 진정한 프로 서비스맨이라면 이 당연한 감정을 제어할 수 있어야 한다. 고객이 어떤 모습이든 한결같아야 한다. 그것이 서비스맨이 갖춰야 할 뷰티인사이드가 아닐까? 그럼으로써 당신도 '한효주' 처럼 사랑을 받을 수 있을 것이다. 고객으로부터 말이다.

서비스 이론은 이럼에도 불구하고 실제로 우리의 서비스 현장에서 일어나는 일들은 어떨까? 가끔 TV나 신문에 소개되는 뉴스를 보면 소형차를 타고 왔다고 고객을 박대한 웃지 못할 일들이 있지 않던가? 행색이 초라한 고객을 매장에 들여보내지 않은 점원이 있는가 하면, 승용차의 등급에 따라 주차 서비스의 제공 여부가 달라지는 우리의 서비스 현장을 대하면 착잡한 기분을 지울 수가 없다.

## Very individual person

친구로부터 전화가 걸려 왔다. 그녀는 몹시 화가 나서 누구에겐가 하소연을 하고 싶었던 것 같다. 가쁜 숨을 몰아쉬며 털어놓은 내용은 이랬다. 새로운 승용차를 사기 위해 남편과 함께 수입차 판매점을 방문했단다. 남편의 중형차가 있었지만, 그녀는 별 생각 없이 오래되어 낡은 자신의 소형차를 끌고 판매점을 찾았다. 판매점에 들어서기도 전에 이미 쇼윈도를 통해 멋진 수입차 한 대가 눈에 들어왔다. 마음에 쏙 들었다. 잔뜩 부푼 마음으로 문을 열고 들어서 마음에 찍어 놓은 그 차량을 향해 발을 옮겼다. 이리저리 차를 살펴보며 수입 신차의 '섹시한' 자태에 마음을 빼앗기고 있었으나 점원 중 그 어느 누구도 관심을 주지 않더란다. 점원들의 무관심이 조금은 의아하고 썰렁했으나, 아마도 쉬엄쉬엄 마음 편히 둘러보라는 배려이겠거니 생각하였다.

그때다. 출입문이 열리면서 다른 고객이 들어섰다. 그런데 지금까지 관심을 보이지 않던 점원이 벌떡 일어나 그 고객에게 다가서며 환대하는 것이 아닌가? 문을 활짝 열어 주며 큰 소리로 "안녕하십니까? 고객님~"을 외치고 있었다. 순간 그녀는 의아한 생각이 지나쳤다. '아니 내가 들어올 때는 본 척도 하지 않던 직원들이 도대체 왜 이런 거지?' 라는. 그리고 고객과 점원을 유심히 살펴보았다. '아하!' 그녀는 순간적으로 그 이유를 알 수 있었다. 점원들이 환대한 그 고객은 누가 봐도 알 수 있는 명품으로 단장하고 있었던 것이다. 쇼윈도 밖에는 명품으로 단장한 그 고객이 타고 온 이름난 수입차가 주차되어 있었다. 그녀는 알아차렸다. 왜 자신에게 점원들이 눈길 한 번 제대로 주지 않았는지를. 그리고 그 '명품 고객'을 왜 환대하였는지를.

그녀는 모처럼 휴일이라 늘어지게 낮잠을 자다가, 갑자기 판매장에 가 보자는 남편의 제의에 따라 대충 머리를 묶고, 무릎이 튀어 나온 추리닝 차림으로 집을 나선 것이다. 또한 낡은 소형 국산차를 타고 왔으니 점원의 생각으로는 차를 살 고객으로 보지 않았던 것이다. 즉, 고객을 외형으로 판단하고 그에 따라 고객맞이의 방법을 달리하고 있었던 것이다. 그는 흥분하여 내게 단호히 말했다. 그 브랜드의 수입차는 절대 사지 않겠노라고.

사실 이런 일은 비일비재하다. 결코 외형으로 고객을 구분하지 말라는 서비스의 원칙이 있음에도 불구하고 현장은 원칙과 따로 노는 경우가 많은 것이다.

단언컨대, 고객은 누구나 VIP이다. '매우 중요한 사람 very important person' 임은 물론이요, 나는 특히 '매우 개성 있는 사람 very individual person' 임을 강조하고 싶다. 리 코커렐도 『완벽한 서비스는 어떻게 탄생되는가』에서 고객을 개성 있는 사람으로 대접하라고 하지 않았던가.

고객은 저마다 다른 특성을 가지고 있으며 또 개별적인 존재로 인정받고 싶은 욕구를 가지고 있다. 그럼에도 불구하고 겉으로 보이는 모습만으로 뭉뚱그려 '도매금' 으로 응대한다면 그 서비스의 끝은 뻔하다. 고객을 잃고 말 것이다.

서비스십이란 별것이 아니다. 먼저 마음을 바꿔야 한다. 누구나 고객은 VIP—매우 중요한 사람' 임과 동시에 '매우 개성 있는 사람' 이라고 말이다. 마음 하나만 바꿔도 고객이 다르게 보이며 그렇게 되면 자연스럽게 고객을 대하는 태도가 바뀌게 된다. 문제는 마음이다.

04

# 마음을 사로잡는 서비스

눈발이 조금씩 날리는 날씨였다. 지독한 감기 때문에 병원을 찾았다가 처방전을 들고 옆에 있는 약국에 들렀다. 약사에게 처방전을 내밀면서 힐끗 보니 카운터 옆에 약국의 직원인 듯한 여성과 할머니가 머리를 맞대고 무엇인가 하고 있었다. 자세히 보니 약국의 직원이 할머니의 손에 면봉으로 연고를 바르고 있는 것이었다. 키가 작고 허리가 많이 굽은 할머니는 처치를 받은 후 직원에게 연신 허리를 구부리며 고맙다는 인사를 하는 것이다.

“고마워. 나는 이것을 열 줄도 모르는데….”

사정은 이런 것 같았다. 손을 다쳐 약국에서 연고를 산 할머니는 워낙 연로한 탓에 어떻게 그 연고를 사용하는지 몰랐던가 보다. 그러자 약국의 직원이 할머니를 의자에 앉혀 놓고 약을 발라 주었던 것이다.

인사를 하고 자리에서 일어난 할머니는 출입구 쪽으로 걸어가면서 방향감각이 무딘 탓인지 카운터의 모서리에 다리를 부딪쳤다. 주춤거리며 할머니가 몸의 균형을 잡으려는 순간 연고를 발라 준 약국 직원이 잽싸게 뛰어나와 할머니를 부축하는 것이다.

"조심하세요, 할머니. 천천히 걸으세요."

그러면서 직원은 할머니를 부축하여 출입문까지 걸어갔고 문을 열어 할머니가 안전하게 계단을 내려갈 때까지 지켜보고 있었다. 아름다웠다, 그 장면이. 아니, 그 약국 직원이 참 아름답게 느껴졌다. 순간, 나의 부모님이 떠올랐다. 부모님도 약국이든 병원이든 또는 시장통에서든 저렇게 곤혹스런 일을 당하실 때가 분명 있으리라. 젊은이의 눈으로 보면 아무것도 아닌 것이 힘들고 낯설게 느껴지는 경우가 있으리라. 심지어 연고의 뚜껑을 열지 못할 경우도 말이다. 그런 때 누군가가 저렇게 세심히 배려하며 따뜻이 보살펴 준다면 얼마나 좋았겠는가.

그런 생각을 하노라니 친절이란 서비스 운운하는 차원을 넘어 인간이 인간다울 수 있는 좋은 조건이라는 생각이 든다. 그런 의미에서, 서비스 현장에서 고객을 대하는 감정노동자들이 한 번 더 힘을 내어 정겹게 고객을 대하면 어떨까 싶다. 서비스맨으로서가 아니라 좋은 이웃, 좋은 사람으로서 말이다.

## 고객이 진정으로 바라는 것은

우리는 우연히 경험한 작은 친절에서 그래도 아직은 세상이 살 만한 곳이라고 느끼는 경험을 종종 하게 된다. 어쩌면 고객이 서비스 직원에게 바라는 태도는 그리 큰 것이 아닐 수 있다.

마을버스 기사님의 "어서 오세요."라는 가벼운 인사, 동네 단골 마트 직원의 "추운데 퇴근이 늦으시네요."라는 한마디, 일주일에 한 번씩 여는 동네 장터 생선 가게 아저씨의 "오늘은 고등어가 물이 좋아요."라고 권해 주시는 그 한마디에 고마움을 느끼는 경험을 누구나 한번쯤은 했으리라.

진정한 서비스라는 것은 겉모습만 화려한 서비스는 아니다. 또한 화려한 언변도 아니다. 또한 요즘처럼 갑질 논란이 많아지는 가운데 '고객은 왕이다.'라는 생각으로 허리를 조아리는 것은 더더군다나 아니다.

같은 일을 하면서도 고객을 좀 더 배려하는 마음을 갖는다면 알게 모르게 그것이 언행에 배어나오게 되어 있다. 그 작은 차이가 세상을 아름답게 하고 고객으로 하여금 살맛나는 세상을 실감하게 하는 것일 것이다. 그 작은 차이, 딱 하나의 차이를 생각하고 실천해 보자.

## 05 잡 크래프팅과 서비스십

최근 들어 '잡 크래프팅'이라는 말을 종종 접하게 된다. 이 말은 잡(job), 즉 직업과 크래프팅(crafting)이 합해진 용어다. 크래프팅이란 동사 'craft'의 명사형이다. 크래프트란 '무엇인가를 직접 만든다.'는 의미가 있다. 그러면 '잡 크래프팅'은 직업을 직접 만든다는 뜻인가? 그게 아니라 각자 자기가 하고 있는 직업 또는 일에 대하여 스스로 의미를 만들어 낸다는 의미다.

잡 크래프팅은 펜실베이니아대학교의 저스틴 버그(Justin Berg), 미시건대학교의 제인 두튼(Jane Dutton), 예일대학교의 아미 레즈네스키(Amy Wrzesniewski) 교수 등이 발전시킨 개념이다. 이들은 실제로 병원에서 일하는 청소부들을 분석하여 잡 크래프팅을 설명한다. 병원 청소부를 분석했더니 두 그룹으로 나뉘더라는 것이다. 하나는 단순히 돈을 벌기 위해 일을 하는 청소부들이고, 다른 하나는 환자들의 회복을 돕기 위해 청소를 한다고 생각하는 사람들이다. 어느 쪽 청소부가 고객 만족과 관련하여 더 바람직한지는 설명이 필요치 않을 것이다(http://www.wikitree.co.kr/main/news_view.php?id=146307).

이와 관련하여 잘 알려진 이야기로 '세 벽돌공 이야기'라는 것이 있다. 인터넷에 검색해 보면 같은 이야기가 조금씩 각색되어 소개된다. 대충 말하자면 이런 스토리다. 즉, 어떤 사람이 공사장을 지나가다가 벽돌을 쌓고 있는 세 명의 벽돌공을 만났다. 무슨 일을 하는지 궁금했던 그가 벽돌공에게 묻는다.

"지금 뭐하시는 겁니까?"

그 질문에 첫 번째 벽돌공은 "보다시피 벽돌을 쌓고 있소."라고 답했다. 이어 두 번째 벽돌공은 "나는 건물의 한쪽 벽을 만들고 있는 중이요."라고 대답했다. 그런데 세 번째 벽돌공은 이렇게 말한다. "나는 멋진 성당을 짓고 있는 중이요."라고.

물론 누군가가 직업의식이나 프로페셔널의 개념을 비교하기 위해 지어 낸 이야기일 것이다. 그러나 이것이 잡 크래프팅의 모범적 사례로 자주 인용되는 것이다.

우리는 왜 일하는가? 거창한 철학적 답변도 가능할 것이다. 설문조사에 의하면 직장인의 74%가 '돈을 벌기 위해' 일을 한다고 했다. 솔직한 대답이요 그것이 현실과 딱 맞다. 그러나 이런 생각은 해보셨는가? 우리가 까다로운 고객, 10인 10색의 고객들을 상대하며 단순히 돈을 벌기 위해 때로는 수모를 참고, 역겨운 대접을 억지로 참는 것이라면 얼마나 초라하고 슬픈 일인가를 말이다.

## 일체유심조

설령 돈을 벌기 위해 감정노동을 감수하고 고객을 상대할지언정, 한번쯤 마음을 바꿔서 '나(또는 우리 회사)를 찾는 고객에게 좋은 인상과 만족을 드림으로써 고객과 긍정적인 관계를 형성하고 나와 회사의 발전을 도모하기 위해 최고의 서비스를 하는 것' 이라고 말이다.

잡 크래프팅을 통해 이렇게 생각을 바꾸자는 것은 어쩔 수 없는 현실에 안주하거나, 눈높이를 낮추어 만족하라는 것이 아니다. 불평이나 방황, 스트레스를 받는 대신에 현실문제에 대해 적극적으로 해결책을 고민하며 더 나은 내일을 위해 정진하자는 것이다.

이렇게 잡 크래프팅을 통하여 당신이 하고 있는 일과 직업의 참된 의미를 찾게 되면 자신의 일에 더욱 머리와 마음을 써서 잘할 것이다. 그러면 일과 타인을 대하는 태도와 행동이 달라질 것이다. 그럼으로써 직업의식, 서비스십이 확립될 것이다.

자고로 일체유심조라 했다. 세상만사가 마음먹기에 달렸다는 말이다. 고되고 힘든 감정노동이지만 생각을 바꿈으로써 더 나은 내일을 기약하는 것은 어떨까? 딱 하나, 마음을 바꾸면 세상이 바뀌는 것이 아닐까?

## 06 서비스십은 확고한 직업관에서 나온다

고객을 상대하는 사람으로서 가장 먼저 정립해야 할 것은 자기의 일, 즉 서비스에 대하여 어떤 신념을 갖고 있느냐는 것이다. 그것이 흔들리거나 잘못되어 있다면 절대로 바른 서비스가 나올 수 없는 것이다.

사실 이것이 쉬운 일은 아니다. 세상에 고객의 지위보다 서비스맨의 지위에 있기를 더 좋아하는 사람이 어디에 있을까? 고객을 잘 모신다는 것은 엄청 힘든 일이다. 감정노동과 육체노동이 혼합된 중노동이다.

그러나 피할 수 없이 어차피 해야 할 일이라면 어떤 마음가짐을 가질 것인지 확실히 해야 한다. 그것이 바로 서비스십이다. 다시 말해서 서비스십이란 직업의식이기도 하다.

잘 아는 바와 같이 직업의식에는 몇 가지 이론이 있다.

직업의식(직업관)이란 자기가 하고 있는 일(직업)을 어떻게 보느냐에 관한 것인데 '천직(天職)론'이 있고 '소명(calling)론'이 있다. 즉 자신의 직업(일)을 하늘이 연분으로 맺어준 것으로 수용하자는 것이 천직론이고, 어떤 일을 하든 간에 하나님이 명령한 거룩한 소명으로 생각하고 받아들이자는 것이 소명론이다.

그런데 천직론이든 소명론이든 자칫하면 반발을 일으키기 쉽다. 옛날에는 귀족계급(지배계급)이 피지배계층으로 하여금 열심히 일하게 할 목적으로 그런 식의 직업관을 멋지게 포장하여 강요한 면이 있다. 그러나 요즘이 어떤 세상인가? 만약 힘들게 고객을 상대하는 서비스맨에게 "당신은 그것이 천직이요 하늘이 명령한 거룩한 소명"이라고 했다가는 뺨맞기 딱 좋다.

## 무대 위에서 연기를 하는 배우처럼

현실적으로 우리 서비스맨들이 올바른 서비스십을 형성하려면 '배역론'의 직업의식으로 무장할 필요가 있다고 본다. '배역론'이란 연극에서 저마다의 배역이 있듯이 인생이라는 연극에서도 저마다의 배역이 있으니까 그 일, 즉 고객을 상대하는 배역에 충실하자는 논리다. 연극에는 주연이 있고 조연도 있다. 이때 다른 이가 주인공 역을 맡든 아니든, 나는 나에게 주어진 배역을 제대로 연기해 낼 때 보람과 즐거움을 느낄 수 있을 것이다. 마찬가지로 직장에서도 고객을 상대하는 자기의 배역을 긍정하고 받아들이면 보람과 즐거움을 느낄 수 있는 것이다. 어떤 배역이든 겸허하게 받아들이면 열심히 연기할 수 있을 것이다.

배역론을 실제로 활용하고 있는 대표적인 곳이 세계적인 명성의 디즈니랜드다. 디즈니랜드에서는 고객을 고객이라 하지 않고 손님(guest)이라고 하며, 청원경찰은 security host, 운전기사는 transportation host, 식당 직원은 food and beverage host 등으로 불린다고 한다. 그 명칭에서 알 수 있듯이 전 직원이 디즈니의 '주인(host)' 으로서의 역할을 한다는 의미다. 그렇다고 '주인 행세', '갑질' 을 한다는 것이 아니다. 손님을 맞는 호스트로서의 정성과 친절을 다하겠다는 의지의 표현이다. 뿐만 아니라 디즈니에서는 모든 사원을 직원이라 부르지 않고 cast member라 호칭한다. 이것은 무엇을 의미하는가? 바로 디즈니라는 쇼무대에 선 배우처럼 연기를 하면서 손님을 맞는다는 뜻이다. 즉 배역론에 근거한 역할 부여라 할 수 있다.

결론적으로 서비스십이 무엇인지, 어떻게 해야 하는 것인지 헷갈린다면 배역론으로서의 직업관을 머리에 떠올리면 된다. 그것 딱 하나만 확실히 한다면 고객을 대하는 것이 감정을 상하는 게 아니라 연극무대에서 멋진 연기를 하는 것으로 긍정하며 받아들일 수 있을 것이다.

## 07 고객 감동이란 하나 더 신경쓰는 것

인생사 대부분이 그렇지만 잘된 것, 못된 것, 좋은 것과 나쁜 것의 차이는 아주 작은 차이일 경우가 많다.

내가 서비스를 연구하면서 항상 불만이었던 것은 왜 조금만 더 신경쓰면 좋은 서비스가 될 텐데 이렇게 밖에 못할까 하는 것이었다.

솔직히 말해 오늘날 그런대로 서비스를 제공한다는 곳에 가 보면 예전에 비하여 훨씬 수준이 좋아진 것이 사실이다. 예를 든다면 우리나라 고속도로 화장실은 10년 전과 비교할 때 엄청나게 좋아졌다. 어떤 휴게소는 편하게 볼일을 보라고 잔잔한 음악을 깔아 주는가 하면, 어떤 휴게소는 향긋한 냄새를 자동으로 뿜어내기도 한다. 어떤 휴게소는 어린아이의 기저귀를 갈 수 있게 별도의 방을 마련했는가 하면, 어떤 휴게소는 남성의 오줌발(너무 남성적 표현인가?)의 강도에 따라 점수를 매겨 남성의 강함을 충동질하기도 한다(남자 화장실에 가 봤냐고? 남편에게 들은 이야기이다). 그러나 더 많은 서비스를 제공하려는 것 이상으로 기본적인 서비스에 더 충실한 것이 중요하다고 본다.

공중화장실이 이처럼 확실하게 달라졌지만 세부적인 사항에 들어가면 '딱 하나' 더 달라졌으면 하는 경우가 많다. 예를 들어 짐을 갖고 화장실에 들어가는 경우가 되겠다. 대부분의 공중화장실에는 소지품을 둘 수 있는 선반이 있다. 그 정도는 이제는 어쩌면 기본일 것이다. 그런데 선반이 있다고 해서 다가 아니다.

여성은 특히 소지품이 복잡해서 겨울에는 코트, 목도리, 핸드백 등 조치해야 할 물품이 많은 것이다. 그런데 화장실에 선반만 하나 있다? 그럼 어쩌란 말인가? 이럴 때 옷걸이 정도 하나가 더 배려된 곳을 발견하면 그곳을 관리하는 사람의 센스에 감사와 감탄을 하게 된다. 소지품을 잔뜩 가지고 급하게 화장실에 들어갔다고 상상해 보자. 급한 볼일이 있는데 옷걸이 하나가 불비한 관계로 옷을 걸쳐 입고 일을 봐야 하는 상황을 말이다. 참으로 난감하기 그지없다.

## 아주 작은 디테일의 힘

서비스는 결코 거창한 것이 아니다. 고객을 만족시키는 게 꼭 엄청난 아이디어가 있어야 되는 것도 아니다. 상상력을 발휘하여 어떻게 하면 고객의 불편을 최소화할 것인지 신경쓰면 소소한 아이디어는 얼마든지 나온다. 그리고 그 소소한 아이디어가 고객으로 하여금 "와우!" 라는 감탄사를 외치게 하는 것이다.

우리는 서비스라 함은 엄청난 것을 생각하는 경우가 대부분이다. 그러나 고객을 감동시키는 것은 의외로 작은 것일 수 있다. 그리고 그런 작은 서비스는 조금만 고객의 입장에서 생각해 보면 답이 나온다.

서비스를 거창하고 어렵게 생각할 것이 아니라, 지금 우리가 제공하는 서비스에 무엇을 하나 더 보태면 고객이 흐뭇한 마음으로 감탄할 것인지 생각해 보자. 생각이 잘 나지 않는다면 인터넷을 뒤지면 된다. 요즘은 너무나 편리한 세상이라서 동종 업종의 다른 회사가 어떻게 서비스하고 있는지를 살펴보면 그것에서 또 다른 아이디어를 얻을 수 있을 뿐 아니라 그보다 한 단계 더 진화시켜 놓을 수 있다.

문제는 관심이요, 어떻게 해서든지 좋은 서비스를 제공하겠다는 간절한 마음이 있느냐 없느냐 하는 딱 하나의 차이일 뿐이다.

08

# 한 번 더 생각하면 답이 나온다

강의를 마치고 집으로 돌아오던 중에 친구로부터 전화가 걸려왔다. 그래서 우리는 만났다. 소위 '쌈밥' 집이었다. 풍성한 야채를 곁들여 볼이 터지게 음식을 먹으면서 수다를 떨 수 있다는 상상을 하며 친구가 가르쳐 준 식당으로 차를 몰았다.

"이름난 맛집이야!"

친구의 호들갑(?)과는 다르게 약간은 촌스런 식당이었는데 문을 열고 들어가자 의외로 손님이 많았다. 일단 안심이 된다. 손님이 많다는 것은 친구의 광고를 뒷받침하는 게 되니까.

자리를 잡고 앉자, 이미 여러 번 그곳에 와 본 친구가 능숙하게 안내를 한다.

"저기 가서 손 씻고 오자!"

그러고 보니 식당 입구 한쪽에 손을 씻을 수 있도록 별도의 시설이 마련되어 있었다. 아하! 나는 의외의 상황에 감탄했다. 맞다. 쌈을 싸서 먹으려면 가장 신경이 쓰이는 것이 손이다. 웬만한 식당에서는 물수건이나 물티슈를 제공하지만 찜찜하기 그지없는 것이다. 그런데 수돗물이 잘도 나오고 물비누까지 장치되어 있는 손씻는 시설이라니….

따지고 보면 사실 별것이 아니다. 쌈밥집이라면 당연히 그런 시설이 있어야 한다. 그런데 문제는 물수건이나 물티슈에서 손씻는 시설로 생각의 수준을 한 단계 올리기가 그렇게 어렵다는 사실이다. 아니, 어쩌면 알면서도 안 하고 있는 집이 더 많겠다. 친구와 그 식당을 다녀온 이후에 보니 간혹 그런 시설을 해 놓은 식당이 있음을 발견하였기 때문이다.

## 역지사지하면 답이 보인다

직장인이라면 1~2년에 한 번 정도 건강검진을 할 것이다. 주기적으로 늘 하는 검사임에도 검사일이 다가오면 왠지 긴장이 된다. 검사 전날부터 마치 큰일을 치루는 사람처럼 카운트다운에 들어간다. 긴장하는 이유는 두 가지다. 하나는 검진 결과가 좋지 않으면 어쩌나 하는 불안감 때문이고 다른 하나는 위내시경(때로는 장내시경) 검사에 대한 거부감 때문이다.

이번의 내시경 검사 때다. 나는 수면 내시경 검사에 대한 부작용을 염려하여 비수면 내시경을 선택하였다. 마음이 더욱 긴장된 것은 당연하다. 긴장한 모습이 보였는지 검진 의사가 "걱정하지 마세요. 금방 끝나니까요. 예전에 해 보셨죠?"라며 말을 시킴으로써 긴장을 풀어 주었다.

드디어 검사가 시작되었다. 나는 눈을 감았다. 그리고 입으로는 플라스틱 도구를 꽉 물었고 온몸에 바짝 힘이 들어갔다. 그때다. 옆에 있던 간호사가 한 손으로는 나의 손을 꼭 잡아 주고 한손으로는 몸을 도닥여 주는 것이었다. 아~! 그것은 무언의 응원이요 격려요 위로였다.

"힘을 빼시고 편안히 계세요. 이제 곧 끝납니다."

그 말 한마디가 정말로 사람을 편안하게 해 주었다. 지난 번 다른 곳에서 검진을 받을 때 기계적으로 아무 말 없이 검진을 하던 의료진과는 딴판이었다. 정말이지 나는 편안하게 금세 검진이 끝났다.

"수고하셨습니다. 아주 잘하시네요. 천천히 일어나시면 됩니다."

휴~~! 그렇게 내시경 검사가 끝났다. 정말이지 참 고마웠다. 그들 의료진은 내시경 검사에 임하는 피검사자의 심정을 꿰뚫고 있었던 것이다. 이를테면 역지사지다. 피검사자의 입장에서 어떻게 하면 피검사자가 좀 더 마음 편히 검사에 임할 수 있는지를 알고 있었던 것이다.

역지사지하면 어떻게 서비스할 것인지 답이 보이는 것이다.

## 09 서비스십과 관련하여 바꾸어야 할 딱 하나는?

지금까지 고객 만족을 성공시키기 위한 서비스 정신에 대하여 살펴보았다. 서비스십이 확보되지 않으면 고객을 대하는 것은 고통에 다름 아니다. 따라서 흔들리지 않는 직업관과 서비스십이 가슴 깊이 새겨져야 한다. 당신의 서비스십에는 어떤 문제가 있다고 보는가? 딱 하나 고친다면 무엇을 어떻게 해야 한다고 생각하는지 체크해 보자.

"

하나를 보면 열을 안다. 어떤 사람의 특성 하나가 그 사람의 전체를 평가하는데 결정적 영향을 미친다. 너무나 유명한 메라비언 교수의 이론이 있다. 누군가와 처음 대면했을 때 그 사람에 대한 첫인상이 상대방의 표정, 제스처, 바디랭귀지는 55퍼센트, 목소리는 38퍼센트, 말하는 내용은 7퍼센트를 차지한다는 것이다. 이론대로라면 상대방에 대한 인상은 표정이나 제스처 등 시각적인 이미지로 절반 이상이 결정된다는 말이다.

"

4장

# 태도 하나 바꾸기

—고객맞이 자세

YOU JUST NEED TO CHANGE ONE THING

## 01 습관 하나 바꿨을 뿐인데

〈허핑턴포스트〉 미디어그룹의 회장인 아리아나 허핑턴(Arianna Huffington)이 지은 책을 보면 흥미로운 스토리가 나온다. 미국 프로농구 골든 스테이트 워리어스(Golden State Warriors)의 선수인 안드레 이궈달라(Andre Iguodala)에 관한 이야기인데, 그는 단지 하나의 습관을 바꿨을 뿐인데 다음과 같이 엄청난 성적 향상을 이뤘다는 것이다.

—플레잉타임이 12% 늘었다.

—분당 득점이 29% 증가했다.

—자유투 성공률이 8.9% 증가했다.

—3점슛 성공률이 2배가 되었다.

—경기당 실책이 37% 감소했다.

—파울 또한 45%가 줄었다.

도대체 어떤 습관을 바꿨기에 이런 결과가 나타날까? 허핑턴의 책 『수면 혁명』(정준희 역, 민음사, 2016)이 바로 답이다. 이궈달라 선수는 늘 늦게까지 텔레비전을 보는 습관이 있었다. 그러고는 연습을 하러 아침 일찍 체육관으로 향했고 부족한 잠은 낮잠으로 보충했다. 그는 젊은이었기에 그렇게 해도 충분히 견딜 수 있었을 것이다. 그러나 견디는 것과 성적은 전혀 다른 문제다. 그의 습관을 알게 된 팀의 경기력 디렉터는 그와 상담을 통해 매일 밤 8시간씩 숙면을 취하도록 조치했다. 그 결과가 바로 위에 언급한 성적 향상이다. 딱 하나 수면 습관을 바꿨는데 말이다.

## 딱 하나의 습관을 선택한다면?

자, 이제 당신의 차례다. 당신이 고객을 상대하면서 자신도 모르게 나타나는 습관이 있는지 살펴보자. 좋은 습관도 있을 것이고 반대의 습관도 있을 것이다. 표정에서부터 말버릇까지 당당할 것이다. 때로는 고객만 보면 부지불식간에 퉁명한 어조로 말하는 습관도 있을 것이고 인사를 잘하지 않는 습관도 있을 수 있다.

아니, 꼭 고객이나 서비스와 관련된 습관이 아니어도 좋다. 이궈달라 선수처럼 잠에 관한 습관이 좋지 않아 그것이 일터에서 나쁘게 작용할 수도 있을 것이다. 그것이 무엇이든 간에 당신이 바꿔야 할 습관은 무엇인지 한번 생각해 보자. 일단 종이를 꺼내 놓고 목록을 작성해 보라. 그리고 그중에서 딱 하나만 바꿔야 한다면 무엇을 선택할 것인지 결정해 보자. 그것이 직장생활이나 고객서비스와 관계 있는 것이면 더 좋겠다. 이 책의 목적과 맞아떨어지니까. 정해졌다면 고치자. 화끈하게 고치자. 그러면 서비스—아니 당신의 인생이 바뀔 것이다.

## 02 서비스는 눈빛 교환으로 시작한다

연말에 친구에게 선물을 보내기 위해 가까운 우체국에 들렀다. 소포를 담당하는 직원에게 다가서자 직원이 점잖게 물었다.

"내용물이 무엇인가요?"

"화장품이에요."

"혹시 깨지거나 하진 않는 거죠?"

"아 네, 깨지지 않도록 포장을 잘 했습니다."

"포장을 잘 하셨다니 다행입니다. 간혹 파손되는 경우가 있어서요."

직원은 나와 대화를 하면서도 빠르게 손을 움직여 주소를 입력하고 출력된 우표를 소포에 붙였다. 그리고 금액이 얼마인지 말해 주었고 카드로 결제를 마쳤다.

용무를 마친 나는 "수고하세요."라고 인사를 하며 발걸음을 돌렸다. 그런데 그 순간 조금 더 친절할 수는 없을까라는 아쉬움이 느껴졌다. 그 직원과 나의 업무처리 상황을 글로 써 놓으면 별로 나무랄 데가 없다. 실제로 그 직원은 자신에게 주어진 업무를 성실히 수행했다. 그런데 왜 나는 아쉬움을 느꼈을까?

다름 아니라, 업무를 처리하고 대화를 나누는 동안 그는 단 한 번도 나와 시선을 마주치지 않았던 것이다.

## 눈으로 말해요

'눈으로 말해요'라는 노랫말이 있다. 실제로 우리는 눈으로 말한다. 눈을 통해 감정이 오고가는 것이다. 똑같은 말을 하고도 눈빛이 가미되는 경우와 눈빛이 교환되지 않는 경우를 비교하면 커뮤니케이션에 적잖은 차이가 발생한다. 더구나 고객을 상대하는 사람이 고객과의 눈빛 교환을 회피한다는 것은 상대와의 만남을 싫어한다는 간접적인 의사표시가 된다.

그뿐 아니라, 마음속에 친절한 마음이 있더라도 상대는 퉁명한 것으로 판단하거나 성의가 없다고 여기게 된다.

물론 그 우체국 직원의 경우 눈과 손으로 해야 할 다른 일들이 있었기 때문에 그러했다고 변명할 것이다. 안다. 눈과 손으로 사무를 처리해야 한다는 것을. 그러나 내가 여기서 말하고자 하는 것은 그럼에도 불구하고 2% 부족하다는 것이다.

줄곧 고객을 바라보며 말하라는 것이 아니다. 묻거나 대답하는 도중에 가끔은 눈빛을 교환할 수 있는 것이다. 아니, 그래야 한다.

바쁜 환경에서 수많은 사람을 상대해야 했던 그 우체국의 직원을 나무라는 게 아니다. '딱 하나만 고치면 더 좋았을 텐데…' 라는 아쉬움을 말하는 것이다. 이는 비단 그 우체국 직원만의 이야기가 아니다. 고객을 상대하는 서비스인이라면 응대를 하고 대화를 할 때 눈을 마주치는 것 딱 하나 때문에 아쉬움을 남기지 말자는 것이다.

03

# 웃는다는 것의 의미

강의를 해 보면 흥미로운 일들이 많다. 학교교육과 달리 우리들 산업강사들은 청중과의 만남이 첫 대면인 경우가 대부분이다. 그런데 단상에서 강의를 하면서 청중을 바라보면 참으로 사람들이 다양함을 알게 된다. 강사와 눈을 맞추며 열심히 듣는 사람도 있는 반면에 처음부터 끝까지 눈을 감고 명상(?)에 잠기는 사람도 있다. 어떤 이는 밝은 얼굴에 함박웃음을 지으며 강사의 한마디 말도 놓칠세라 눈초리를 반짝거리는 사람이 있는가 하면, 강의시간 내내 전혀 표정의 변화가 없이 무표정하게 있는 사람도 있다.

특히 가장 기분 나쁜 사람은 청중들이 박장대소하며 깔깔깔 웃는 상황에서도 전혀 반응을 보이지 않고 무표정한 사람이다. 그런 사람 중에는 다른 고민이 있어서 얼이 빠진 사람도 있지만 어떤 이는 분명히 강의에 귀를 쫑긋하고 있으면서도 전혀 웃지 않는 사람도 있다. 이 후자의 경우가 더 문제라고 본다. 예컨대 다른 고민이 있어서 박장대소하는 이야기가 귀에 들어오지 않는다면 그건 이해할 수 있다. 다른 생각을 하고 있으니까. 그런데 강의를 들으면서도 모두들 웃고 있는데 웃지를 않는다? 이건 확실히 병이다.

그런 사람이 삶에서 행복할 가능성은 매우 낮다. 웃음을 잃어버린 사람이니까 말이다. 문제는 청중의 경우가 아니라 고객 만족을 위해 일하는 사람의 경우다. 언젠가 강의 출장을 가서 호텔의 뷔페식당에서 아침밥을 먹게 됐었다. 그 식당에는 몇몇의 종업원이 일렬로 늘어서서 손님들과 눈을 맞추며 서비스에 응하고 있었다. 즉, 주위를 살펴보다가 손님과 눈이 마주치면 눈빛과 표정으로 "무엇을 도와드릴까요?"라는 의사표시를 하고 있는 것이었다. 그러면 손님이 손짓을 하여 그를 불러 도움을 청하곤 하였다. 그런데 그중의 한 여성은 전혀 표정의 변화가 없이 무표정하게―아니 오히려 화난 표정이라는 게 맞겠다―고객과 눈을 마주치고 고객의 부름에 응하고 있었다. 반면에 다른 종업원은 무표정하게 있다가도 고객과 눈이 마주치면 환한 미소를 지으며 부름에 응하는 것이었다.

## 표정 하나 딱 바꾸면 되는데

자, 어느 쪽이 바람직한지는 설명하지 않아도 될 것이다. 미안한 말이지만 무표정한 전자의 여종업원이 그 호텔에서 사랑받을 확률은 거의 없다고 확신한다. 그런 사람이 결코 일을 잘할 것이라고 보지 않기 때문이다.

웃는 얼굴이란 그렇게 중요하다. 만약 그녀가 웃는 얼굴로 바꾼다면 어떻게 될까. 상황은 전혀 다르게 전개될 것이요. 분명히 호텔로부터 사랑받고 고객으로부터 호감을 사는 정반대의 일이 벌어질 것이다.

웃음은 그렇게 중요하다. 미소 띤 얼굴은 보기에만 좋은 게 아니다. 자신의 운명을 바꾸게 된다. 그녀에게 있어서 '표정 하나 딱 바꾸는 것' 은 운명을 바꾸는 것과 같다.

웃는 얼굴─그것 하나만 딱 바꾸면 되는 데… 우리 주위에는 그런 충고를 해 주고 싶은 사람이 의외로 많다. 당신은 어떤가?

## 미소의 과학

미소를 연구한 학자들에 의하면 우리가 짓고 있는 미소나 표정은 학습된 것이 아니라고 한다. 그것이 문화에 의해서 학습되었을 것이라는 가설은 폴 에크만(Paul Ekman)에 의해서 부정되었다.

표정, 몸짓, 목소리로 거짓을 알아내고, 상대방이 어떤 감정 상태인지를 밝히는 비언어적 커뮤니케이션 분야의 세계적 전문가이며 미국심리학회가 인정한 '20세기 가장 영향력 있는 심리학자'인 폴 에크만의 실험은 파푸아뉴기니의 고원지대에서 이루어졌다.

그는 한번도 TV나 서구인들을 본 적 없는 사람들에게 똑같은 사진들을 보여 줬다. 그런데 이들 역시 다른 지역의 사람들과 마찬가지로 똑같이 표정을 해석했던 것이다.

이로써 심리학과 과학계에서의 정설로 여겨졌던 '사람의 얼굴이 감정을 표현하는 것은 타고난 천성이라기보다 문화적 산물이다.'라고 했던 가설을 뒤엎은 것이다(『미래 인재의 조건』, 다니엘핑크 지음, 김명철 역, 미래 인재의 6가지 조건, 한국경제신문). 진국이냐 아니냐를 떠나 표정 연출로 상대방에게 좋은 인상을 줄 수 있다는 말이다.

그러니까 사람을 처음 보았을 때 그 사람의 첫인상이 짧게는 3초 길게는 30초 안에 정해진다는 것은 본능적인 것이다. 그러기에 "그 사람 알고 보면 진국이야.'라는 말은 본능적으로 형성된 인상과 경험적으로 형성된 인상의 차이를 표현하는 것이다.

이쯤 되면 '알고 보면 진국'인 사람이 짧은 시간에 비춰진 첫인상에 의하여 나쁘게 인식되는 것은 대단히 억울한 일일 수 있다. 이 사실은 거꾸로 진국이냐 아니냐를 떠나 표정 연출로 상대방에게 좋은 인상을 줄 수 있다는 말이다.

# 04 인사보다 중요한 인사성

서비스 종사자들에게 고객 만족에 대한 교육훈련을 할 때에 가장 먼저 등장하는 것은 아마도 인사와 미소 짓기일 것이다. 서비스 교육훈련을 홍보하거나 기사로 보도되는 사진을 봐도 어김없이 등장하는 장면이 허리를 굽혀 다소곳이 배꼽인사를 하는 사진, 아니면 양 손가락으로 입꼬리를 올리며 '개구리 뒷다리' 라는 발음을 하고 있는 모습이다.

실제에 있어서 두 가지 동작은 한꺼번에 결합되어 훈련된다. 즉 미소띤 얼굴로 허리를 굽혀 인사하는 동작으로 말이다. 그런데 '인사' 에 있어서 흔히 보게 되는 양손을 앞으로 모으고 허리를 깊이 굽혀서 하는 소위 배꼽인사는 너무 형식적이라는 비판을 받게 된다.

원래 그런 식의 인사는 사람을 반갑게 맞이하는 인사라기보다 하나의 '예식' 으로 활용되어 왔다. 예컨대 백화점이 아침에 문을 열 때

출입문과 매장에 늘어서서 음악과 구령에 맞춰 일제히 실시하는 인사가 대표적이다.

그런데 문제는 그런 식 인사가 고객들에게 별다른 감흥을 주지 못한다는 사실이다. 그것을 살갑게 받아들이지 않고 하나의 형식으로 받아들이기 때문이다.

실제에 있어서 중요한 것은 인사가 아니라 인사성이다. 인사와 인사성은 당연히 다르다. 인사란 허리를 굽혀서 예를 표하는 '동작'에 중점을 둔 것이고 인사성이란 인사를 잘하는 '성향'을 말한다. 그러니까 인사성은 허리를 굽히지 않고 말로만 "안녕하세요?"라고 쾌활하게 말하는 것도 되고, 그런 인사가 아니라 "요즘 사업 잘 되세요?", "따님이 이제 유치원에 들어갔지요?"라고 안부를 묻는 것도 인사성에 속한다. 심지어 고객이 왔을 때 환하게 웃음 띤 얼굴로 맞이한다면 미소도 인사성의 범주에 든다 할 수 있다.

이렇게 보면 인사가 형식적임에 비하여 인사성은 훨씬 친근한 감정을 전하게 되는 것이다. 그런 면에서 인사보다는 인사성을 강조하게 된다.

## 형식보다는 마음을 담아서

인사훈련을 할 때 기업마다 인사요령이라는 것을 만들어 실행한다. 고객과 눈을 마주치고, 미소 띤 얼굴로, 허리를 곧게 편 상태에서 허리의 각도가 30도가 되도록(회사에 따라 15도, 30도, 45도, 심지어 60도를 기준으로 삼는 곳도 있다) 구부리라는 것이다. 그러면서 "안녕하세요?", "어서 오십시오." 등의 인사말을 상냥하게 하라면서.

따지고 보면 이런 식 인사는 로봇을 연상하게 한다. 앞으로 인공지능의 시대가 본격화되고 사람을 닮은 로봇이 배치되면 그런 식 인사가 될 게 뻔하다.

인사가 인사다우려면 그런 형식이 중요한 게 아니라, 사람의 숨결과 사람의 냄새가 나는 인사여야 한다. 정이 오가는 인사여야 한다는 말이다. 그러려면 오히려 격식을 차리는 것을 벗어나는 게 어떨까?

고객 만족 경영(CS)이 우리나라에 들어온 것이 1992년경이니까 이제 4반세기를 넘어섰다. 그동안 형식에 얽매였던 인사법도 이제는 바뀔 때가 된 것 같다. 예전식 인사는 그야말로 로봇에게 넘기고 인간은 인간다운 인사를 해야 하지 않을까?

어떤 식으로 하면 보다 더 정감이 가고 고객이 좋아할 인사가 될지 더 많은 궁리가 필요할 것 같다. 딱 하나만 바꾸라면 어떻게 하시겠는가?

05

# 공감하는 태도가 중요하다

나는 강사로서 강의를 하지만 때로는 기업의 요청을 받아 특정한 교육 프로그램을 진행하기도 한다. 얼마 전, 공공기관의 연수를 호텔에서 진행하게 되었다. 그 기관의 교육 물량이 갑자기 늘어났는데 연수원의 수용 능력을 벗어났기 때문이다.

연수원이 아닌 호텔에서 교육을 진행하게 됐으니 은근히 기대가 되었다. 무엇보다 시설이 훨씬 더 좋을 것이고 음식도 그럴 것이니까 말이다. 그러나 기대는 첫날부터 어긋났다. 때마침 강추위가 몰아쳤는데 호텔 객실의 난방 시설이 완벽하지 못했던 것이다.

교육생들이 내게 하소연 겸 항의를 하였다. "방이 추우니 빨리 조치를 해 달라."는 것이다. 나는 난방이 제대로 되지 않는 방을 조사한 후 호텔의 프론트에 내려가 담당자를 찾았다.

"무슨 일이십니까?"

"객실의 몇몇 곳이 난방이 제대로 되지 않아 엄청 춥다고 하네요. 빨리 조치하셔야겠습니다."

나의 말을 들은 담당 책임자의 반응이 의외였다. 나는 교육생들이 아우성치는 상황을 가급적 생생하게 전달하겠다는 생각으로 손짓 몸짓을 동원하고 약간은 흥분한 목소리로 숨가쁘게 말하는데 담당 책임자는 느긋하고 담담하게 '그게 뭐 그리 큰일이냐' 는 식으로 대응했던 것이다.

"그렇습니까? 그렇게까지 춥습니까?"

이게 무슨 소린가? 그렇게까지 춥냐니. 이 말은 이미 난방이 제대로 안 되고 있음을 알고 있다는 말이 됨과 동시에 그 정도는 참을 수 있지 않냐는 반응이 아니고 뭔가.

## 공감하면 상대의 마음을 파고든다

이런 경우를 가리켜 공감 능력이 없다는 것이다. 요즘 들어 공감 능력의 중요성이 부쩍 강조되고 있다. 4차 산업혁명의 시대가 도래하여 인공지능의 로봇이 판을 치게 되겠지만 가장 중요한 결함은 인간과의 공감적 교류가 가능하겠냐는 것이다. 그래서 인공지능의 최후의 벽이 공감 능력이라고까지 말한다.

공감 능력이란 '나는 당신의 상황을 알고, 당신의 기분을 이해한다.'는 것처럼 다른 사람의 상황이나 기분을 같이 느낄 수 있는 능력을 말한다. 이 능력은 서비스 종사자뿐만 아니라 누구에게도 소중하고 필요한 능력이다.

최근에 우리나라 도처에서 '갑질'의 행태가 나타나고 그것을 규탄하는 목소리가 높았다. 상사가 부하에게, 고객이 서비스 종사자에게 갑질을 한다는 것인데 그것은 곧 을의 입장과 기분을 공감하는 능력이 부족함으로써 그런 일이 벌어지는 것이다. 을이 어려운 상황에서 얼마나 고생하고 애쓸까라는 것을 이해하게 되면 아무리 갑이라 하더라도 불평은 있을지언정 도를 넘게 화를 내는 경우는 발생하지 않는 것이다.

반대로 을로서도 갑의 상황과 기분을 이해할 수 있어야 하는데 그 대표적인 경우가 바로 서비스 종사자(을)가 고객(갑)을 대하는 경우이다.

다시 호텔의 이야기로 돌아가 마무리하자. 내가 호텔의 난방에 문제를 제기했을 때 담당 책임자로서도 답답할 것이다. 그가 시설을 책임지는 것은 아닐 테니까 말이다. 그럼에도 불구하고 "아, 난방이 안 돼서 몹시 불편하시죠? 더구나 교육 진행을 하시는 입장에서 얼마나 당황하셨겠습니까? 정말 죄송합니다. 빨리 조치하고 결과를 알려드리겠습니다." 이렇게라도 말하면서 나의 상황과 심정에 공감하는 태도를 보였다면 그 호텔에 대한 인식은 전혀 달라졌을 것이다.

인간의 심리란 묘해서 담당 책임자가 공감하며 빨리 해결하겠다는 의지가 보이면 이상하게도 그때부터는 덜 춥게 느껴진다는 점이다. 설마 그럴 리가 있냐고? 다른 사례로 설명해 보겠다.

요즘 아파트의 층간 소음 문제로 다툼이 종종 일어나고 있다. 신문에 보도되는가 하면 심지어 소음 문제로 싸우다가 사람을 해친 경우도 있다. 만약 당신의 아파트 위층 집에서 아이들이 쿵쾅거리며 뛰어논다고 치자. 이때 당신이 위층에 올라가서 아이 엄마를 만나 "너무 쿵쾅거려서 신경이 쓰이니 조금만 더 조용히 해 줄 수 없겠습니까?"라고 항의했을 때, 상대가 "정말 미안합니다. 시끄러워서 신경 많이 쓰이시죠? 우리 아이들이 너무 개구쟁이라서 제가 계속 혼을 내도 그러는데 다시 그러지 못하도록 하겠습니다."라고 공감의 마음으로 답하면 그 이후 또 쿵쾅거리는 소리가 들려도 아이 엄마가 말리고 있을 것이며 아이들이 워낙 개구쟁이인 모양이라며 참게 되는 것이다.

그러나 반대로 "아파트 생활이 다 그런 거지 뭐 그렇게 신경을 쓰세요?"라고 쏘아붙였다면 그다음부터는 쿵쾅거리는 소음이 마치 엄마까지 덩달아 뛰어노는 것으로 생각될 만큼 더 크게 느껴질 것이다. 상대가 공감하는 태도를 보였느냐 아니냐에 따라서 말이다.

공감한다는 것은 이렇게 상대의 마음을 파고든다. 특히 고객을 상대하는 사람은 고객의 요구에 일단 공감하는 태도를 보이며 응대하는 것이 중요하다.

당신이 지금까지 고객을 잘 대해 왔겠지만 하나 더 요구한다면 좀 더 화끈하게 공감할 줄 아는 태도를 보이자는 것이다.

# 06 이미지로 승부하라

사람은 시각적인 것에 아주 민감하게 반응한다. 이를테면 후광효과(Halo effect)가 작동하는 것이다. 후광효과란 어떤 사람의 긍정적인 특성 하나가 그 사람의 전체를 평가하는 데 결정적인 영향을 미치는 것을 말한다.

나는 강의 때 후광효과에 대해서 중요성을 강조하면서 보여 주는 영상이 하나 있다. 영상의 내용은 마케팅 디렉터인 주인공이 평범한 캐주얼 복장을 입고 있을 때와 정장을 입고 있을 때 사람들이 그에 대한 직업, 수입 심지어 성격까지 다르게 평가하는 내용이다. 실험에서는 여성들에게 주인공 남성과 데이트를 할 의향이 있냐는 질문을 하는데 평범한 복장을 했을 경우에는 여성들이 싫다고 고개를 절레절레 흔들다가, 남성이 양복을 입자 데이트를 할 용의가 있다고 하는 부분은 언제 봐도 재미있는 장면이다. 남자가 주인공이다 보니 교육생이 남자일 경우는 이런 반응들이 나오곤 한다.

"여자들, 왜 저래요?"

"왜 외모로 모든 것을 판단해요?"

"사람을 어떻게 겉모습을 보고 알아요?"

라고 투정어린 목소리가 쏟아져 나온다. 그러면 나는 이렇게 물어본다.

"그럼 여러분은 여성을 처음 볼 때, 어떤 부분을 보고 판단하나요?" 라고 말이다. 그러면 남자 교육생들의 한결같은 반응은 이렇다.

"얼굴이요."

복장이나 얼굴이나 도긴개긴이다. 결국 사람들은 상대를 판단할 때에 시각적인 이미지의 영향을 크게 받는다는 것을 알 수 있다.

## 외모가 행동을 통제한다

결론적으로 말해서 서비스 종사자들은 자신의 외모(얼굴, 복장 등)에 신경을 써야 한다는 말이다. 외모를 어떻게 가꾸느냐 하는 것은 자신의 행동을 통제하는 반면에 고객으로 하여금 서비스 종사자를 평가하는 항목이 된다.

남자들끼리 자주 하는 말이 있다. 신사복을 입었을 때와 예비군복을 입었을 때 행동과 말이 달라진다고. 재미있지 않은가? 옷을 어떻게 입었느냐에 따라 자신의 언행이 달라지는 것이다. 여성이라고 예외는 아니다. 명절 때 한복을 곱게 차려입은 여성이 경망스럽게 말하거나 행동하지는 않는다. 이것이 바로 '복식심리'라는 것이다.

또한 고객은 서비스 종사자의 복장 하나만 놓고도 사람을 다르게 평가하며 신뢰도에 영향을 미친다. 예를 들어 병원에 갔는데 의사가 운동복 차림이라거나(그럴 리는 없지만), 아침 식사를 하러 식당에 갔는데 업주가 후줄근하고 구겨진 잠옷 차림이라면 어떤 생각을 하겠는가? 믿음이 가지 않는 것은 당연하다. 실제로 약국에 갔는데 흰 가운을 입지 않은 평상복 차림의 약사가 상담하거나 약을 짓는다면 '이 사람 약사 맞아?'라며 의심을 하게 되고 약을 제대로 조제하는지 불신하게 되는 것이다.

그렇잖아도 요즘 온갖 기기묘묘한 화장술에 옷차림이 난무하는 세상이다. 여성의 경우 윗입술과 아랫입술의 색깔을 제각각으로 하는 화장까지 등장했고 패션은 말할 것도 없다. 찢어진 청바지는 이미 옛날이야기요 '바지 위에 치마를 입는'(남성들의 표현) 경우도 있다.

그러나 아무리 세상이 변하고 패션이 변해도 인간의 기본 심리는 그대로라는 사실이다. 즉 외모로 사람을 판단한다는 사실을 잊지 말아야 한다. 만약 당신이 마음속으로는 고객을 제대로 대하고자 하는 충실한 서비스 정신이 있다 하더라도 당신의 외모로 인하여 고객이 불량한 서비스맨으로 낮추어 보거나 당신의 행위를 불신한다면 얼마나 억울한 일인가?

자, 그렇다면 지금 당신 자신을 점검해 보자. 외모에 있어서 고쳐야 할 딱 하나를 짚어 보자. 그리고 과감히 고쳐 보자.

### 매력의 후광효과

영국 스코틀랜드 세인트앤드루스대 인지연구소(Perception Lab) 연구팀이 학술지 <플로스원(PLOS One)>에 발표한 논문에 따르면, 얼굴이 매력적으로 평가된 사람은 '후광효과'에 의해 다른 면도 높게 평가되는 것으로 나타났다.

연구팀은 세인트앤드루스대 재학생 100명을 뽑아 이들의 얼굴 사진을 촬영하고 이들의 실제 학업 성적을 산출했다. 이후 이 학생들의 사진을 다수의 다른 학생에게 보여 주고 매력성, 지성, 성실성, 학업 성적을 주관적으로 평가하게 했다.

그 결과, 매력성이 높은 것으로 평가된 학생은 그렇지 못한 이들보다 지성이나 성실성은 물론 학업 성적도 높게 평가되었다. 매력성과 실제 학업 성적에는 통계적 상관관계가 없음에도 말이다.

결국 상대방이 잘 생겼거나 예쁘다고 느낀 순간 지성과 능력을 겸비하고 있다고 생각할 가능성이 크다는 것이다(서울신문, 2016. 3. 3).

## 07 고객이 적군인가?

새로운 교육프로그램 개발을 위한 세미나를 마치고 마음에 맞는 몇몇 강사와 저녁 식사를 함께하기로 했다. 시간은 4시 50분을 막 지나고 있었다. 그러니까 저녁 식사를 하기에는 조금 이른 시간이었다.

우리 일행은 종로 거리를 거닐며 맛집을 검색했고 적절한 식당을 찾는데 성공했다. 식당은 지하에 있었다. 식당문을 열고 들어서니 젊은 남녀 종업원 두 명이 식탁을 정비하고 있었다. 그런데 그들은 우리를 힐끗 쳐다보고는 "아직 문 안 열었어요!" 라고 퉁명스럽게 쏘아붙이는 것이었다.

"몇 시부터 영업을 하는데요?"

나는 조심스럽게 물어보았다. 마치 공짜로 음식을 먹으로 온 사람처럼. 그러나 그들은 한결같이 퉁명스럽게 말했다.

"거기 문에 보세요. 다섯 시 반부터라고 써 있죠?"

이쯤 되면 가관이다. 애써서 그곳을 찾은 사람에게 '당신은 한글과 숫자도 읽을 줄 모르냐?' 고 핀잔을 주는 것과 같으니까 말이다. 한마디로 웃기는 짓이다. 자기들의 영업규칙이 5시 30분부터 저녁 손님을 맞기로 한 것은 탓할 게 못된다. 얼마든지 그럴 수 있다. 그러나 사정을 모르고 그곳을 찾은 사람에게 그렇게 무례하고 퉁명스럽게 응대할 것은 아니지 않은가?

고객이 적군인가? 고객이 귀찮은가? 이제 돈 좀 벌었다고 기고만장한 것인가? 아니면 종업원 훈련이 잘못된 것인가? 나는 여러 생각을 하면서 일행을 독려하여 그곳을 나와 버렸다. 다시는 그곳을 찾지 않겠다고 다짐하면서.

## 고객혐오증?

살다 보면 별 사람이 다 있지만 자기에게 돈을 몰아다 주는 고객을 마치 적군이나 적선을 하러 온 사람처럼 대하는 경우를 너무 흔하게 본다.

병원에서다. 환자가 그런대로 붐비고 있었다. 30여 분을 기다려 나의 차례가 되었다. 남성 의사였다. 간단한 문진을 하고 청진기를 대더니 "후두염입니다. 3일치 약을 드릴 테니 그때 다시 오세요."라고 퉁명스레 말한다. 이게 글로 써 놓으니 감정 전달이 안 되는데 그

의사는 매우 귀찮은 듯이 말했다. 그러고는 내가 몇 마디 물어볼 것이 있어 머뭇거리는데 이미 의자를 홱 돌려 다음 환자의 차트를 보기 위해 컴퓨터를 들여다보기 시작했다.

"요즘 제가 먹는 약에 이러이러한 것이 있는데 함께 복용해도 괜찮을까요?" 나는 죄라도 지은 사람처럼 조심스럽게 물어보았다.

"괜찮아요!" 그는 얼굴도 돌리지 않고 한마디 툭 던진다. 문을 열고 나오면서 참 한심하다는 생각이 들었다. 그런 곳을 찾은 내가 한심하고 그런 식으로 환자를 진료하는 의사가 한심하고.

이런 사례는 많고도 많다. 고객 만족이니 뭐니 하지만 고객을 적으로 보듯 싸늘하게 대하는 사람, 마치 고객혐오증이 있듯이 고객을 외면하며 말붙이기를 꺼리는 사람 등등 말이다.

안다. 어느 정도는 이해할 수 있다. 하루에도 수많은 고객, 별별 사람을 만나게 되는 서비스 종사자들의 입장과 애환을 모르지 않는다. 그러나 그럼에도 불구하고 우리는 스스로에게 물어봐야 한다.

'나는 왜 이 자리에 있는가?'

'나는 무엇을 하는 사람인가?'

'고객은 나에게 어떤 의미가 있는 사람인가?'를 말이다. 혹시 당신도 지금 부지불식간에 고객혐오증의 증세를 나타내고 있는 것은 아닌지 점검해 보자. 고객은 결코 적이 아니다.

# 08 마음을 바꾸면 태도가 변한다

'밀양' 이라면 당신은 어떤 생각이 떠오르는가? 사람마다 다를 것이다. 밀양이라는 작은 도시가 다른 사람들에게 익숙한 지명이 된 것은 아마도 영화 〈밀양〉 때문일 것이다. 인기 여배우 전도연 씨가 칸 영화제에서 여우주연상을 탔던 바로 그 영화 말이다. 그러나 내게 밀양은 그런 영화로서가 아니라 뜻밖의 에피소드로 내 마음속에 따뜻이 남아 있다. 마치 밀양의 한자, 密陽처럼. 은밀하고 따뜻하게 말이다.

지금으로부터 10년 전 이야기다. 나는 2박 3일의 일정으로 강의를 진행하기 위해 밀양에 갔었다. 강의를 진행할 곳은 밀양역에서 30~40분 정도 떨어진 곳의 부곡이라는 곳에 있는 리조트였다. 휴가지 같은 좋은 시설이었으나 강의는 이상하게도 잘 풀리지 않았다. 같은 과정을 다른 곳에서도 진행한 적이 있는데 부곡에서의 진행은 의도하는 대로 되지 않고 자꾸 빗나가는 것이었다. 강의를 해 본 사람은 공감할 텐데 같은 내용을 갖고도 잘되는 경우가 있고 그렇지 못하고 죽을 쑤는 경우가 있다. 부곡에서의 강의가 바로 후자의 경우다. 2박 3일이 너무나 길게 느껴질 정도였다.

마음고생이 많았던 2박 3일의 연수를 마쳤을 때 나는 얼른 그곳을 벗어나고 싶었다. 그래서 식사를 하고 가라는 제의도 뿌리치고 서둘러서 짐을 챙겨 그곳을 떠나기로 했다. 부랴부랴 밀양역으로 갈 택시를 불렀다.

택시를 기다리며 핸드백을 뒤져 엊그제 예매해 둔 기차표를 확인한 나는 깜짝 놀랐다. 머릿속으로 기억해 두었던 기차 출발시간이 착오였던 것이다. 택시를 타고 밀양역까지 갈 충분한 여유의 시간이 있겠다 싶었는데 그게 아니었던 것이다. 남은 시간은 불과 30여 분. 부리나케 택시가 달려가야 출발할 수 있을 텐데 아직 택시는 오지 않았다. 나는 안절부절, 불안에 떨어야 했다. 그런데 이게 웬일인가? 설상가상으로 지갑 속에 현금이 없었던 것이다(그 당시 지방은 카드로 택시비 결제가 안 되었다).

곧 택시가 도착했다. 나는 택시에 올라타며 "밀양역으로 가시죠." 라고 외쳤다. 일단 출발은 해야 했으니까. 그러고는 기사님께 다급한 목소리로 '고해성사'를 시작했다.

"기사님, 정말 죄송한 말씀인데요… 제가 예매한 기차 출발시간이 2시 45분으로 알았는데 지금 확인을 해 보니 1시 25분 기차네요. 시간 내에 도착할 수 없을까요? 그리고요, 택시를 콜하고 나서 확인했더니 현금이 2천 원밖에 없습니다. 제가 서울로 가서 드릴 테니 도와주실 수 없겠습니까?"(당시에는 스마트폰이 없던 시절이다.)

하소연을 하면서도 내가 참 한심스러웠다. '뭐 이런 아줌마가 있나?' 라고 하지 않겠는가. 정말이지 창피한 일이지만 나로서는 그렇게 할 수밖에 없었다.

울상이 되어 버린 나의 얼굴을 백미러로 힐끗 살펴본 기사님은 "자, 안전벨트 매입시더." 라고 말하더니 냅다 달리기 시작했다. 그는 베테랑이었다. 과속을 감시하는 카메라가 어디에 있는지 꿰고 있는 듯했다. 엄청난 과속이었다(이제는 말할 수 있다). 어찌나 빨리 달리는지 나는 차 안의 손잡이를 꽉 잡고 있어야 했다. 그렇게 출발시간을 무려(?) 5분이나 남겨 놓고 밀양역에 도착하였다. 그러고는 명함을 한 장 내밀며 말했다. "빨리 뛰어가이소. 서울에 잘 도착하시믄 거기 적힌 곳으로 돈 보내 주이소."

택시에서 내리며 몇 번인가 고개를 숙여 "감사합니다. 고맙습니다." 를 연발하는 나에게 그 기사님이 던진 말은 딱 한마디였다.

"욕보이소."

## 마음을 바꾼다는 것의 의미

그렇게 무사히 서울로 돌아왔고 당연히 돈을 계좌로 보내드렸다.

감사한 마음까지 함께 담아서. 그날 기사님이 보여 주신 배려로 2박 3일 동안 그곳에서 느꼈던 스트레스가 한꺼번에 사라졌음은 물론이다. '밀양'이라면 자칫 좋지 않은 기억으로 남을 뻔했는데 오히려 아름다운 추억으로 내 뇌리에 각인되어 있다. 밀양은 역시 햇볕만큼이나 따뜻한 곳이었다.

그때 깨달은 것이 있다. 사람은 역시 마음먹기 나름이라고. 기사님 입장에서는 어처구니없고 황당한 일이었을 것이다. 얼마든지 짜증을 낼 수 있고, 심하면 나에게 크게 화를 내며 꾸짖을 수도 있었다. 그렇잖아도 불경기에 마음이 상해 있는데 사기 치냐고 극단적인 말을 해도 할 말이 없는 지경이었다. 아마도 나의 말에 기사님은 '욱'하며 짜증이 치밀어 올랐을 것이다(아무리 마음씨 좋은 분일지라도).

그러나 그는 그 순간 마음을 바꾸었을 것이다. 체념했을 수도 있지만 그것도 결과적으로 마음을 바꾼 것이다. 마음을 바꾸면 새로운 세상이 전개된다. 짜증이 이해하는 것으로 바뀌고 그럼으로써 사람을 대하는 것이 달라지며 세상이 다르게 다가올 수 있다. 선의로 사람을 보고 세상을 대하면 모든 게 선하게 바뀔 수 있는 것이다. 이건 서비스십이니 뭐니 하는 저차원의 이야기가 아니다. 사람이 이 험한 세상을 사는 지혜일 것이다.

밀양은 나의 추억 속에 그런 곳으로 남아 있다.

## 09 태도와 관련하여 바꾸어야 할 딱 하나는?

지금까지 고객 만족을 성공시키기 위한 서비스인의 바람직한 태도에 대하여 살펴보았다. 태도는 서비스 정신의 표현이다. 반대로 태도가 바뀌면 서비스 정신이 달라진다. 따라서 고객을 대하는 당신의 태도를 바르게 할 필요가 있다. 당신의 태도에 어떤 문제가 있다고 보는가? 딱 하나 고친다면 무엇을 어떻게 해야 한다고 생각하는지 체크해 보자.

"

고객에겐 본심을 듣는 귀가 하나 더 있다. 마음이 열려야 고객의 입이 열리고 입이 열린 후에 지갑이 열린다. 먼저 고객의 마음을 얻어라. 대화 시엔 항상 당신의 마음이 노출된다. 진심으로 상대를 위하는 마음을 가져라. 진심으로 고객을 위하는 사람은 목소리와 태도에 상대방을 존중하는 느낌이 배어 나오기 때문이다.

—『서비스 천재가 되는 기적의 대화법』(안미헌 지음, 다산북스, 2004)에서

"

5장

# 화법 하나 바꾸기

—말하기

YOU JUST NEED TO CHANGE ONE THING

## 01 말투만 바꿔도 서비스가 달라진다

최근에 말투와 관련된 책들이 갑자기 베스트셀러에 오른 적이 있다. 그런 책이 아니더라도 말투는 사실 매우 중요하다. 우리가 어떤 사람을 "친절하다." 또는 "불친절하다." 라고 평할 때 과연 무엇 때문에 그렇게 말하는지를 따져 보면 다름 아닌 말투 때문인 경우가 대부분이다. 마치 사투리와 표준어가 글로 써 놓고 보면 똑같은데 억양 때문에 사투리라고 하는 경우와 같다.

글로 써 놓으면 그것이 친절한 것인지 불친절한 표현인지 구분이 안 된다. 그러나 어떤 말투로 말하느냐에 따라 그 말을 듣는 사람의 감정은 전혀 달라진다. 원래 우리나라 사람들의 말투가 퉁명하고 강한 편이다. 반면에 영어권의 서양인들의 말투는 상당히 부드럽다. 리드미컬하다. 그래서 어떤 이는 그들을 가리켜 "노래 부르는 것

같다." 고 표현하기도 했다.

같은 서양이라도 독일인은 또 다르다. 독일에 서비스 관련 연수를 갔을 때 확실히 느낀 것이 그들의 말투였다. 남들을 배려하고 정중했지만 영어권의 사람들보다는 딱딱하게 느껴졌는데 왜 그런가 생각해 보니 역시 말투 때문이었다. 그들의 언어 자체가 딱딱 끊어지기에 독일어를 모르는 사람도 말투만으로 영어인지 독일어인지 알 수 있을 만큼 무뚝뚝하게 느껴진다. 우리는 독일어와 비슷한 느낌의 말투라는 생각이 든다. 우리가 흔히 일본인을 가리켜 친절하다고 하는데 그중의 상당 부분이 그들의 말투와 관계 있는 것 같다.

고객 만족 훈련을 할 때 말투 훈련을 많이 시키는 것은 바로 그것이 친절, 불친절을 가리는 바로미터가 되기 때문이다. 속으로는 아무리 서비스 정신이 투철하더라도 말투가 뻣뻣하고 퉁명스러우면 고객은 당연히 불친절한 사람이라고 평가할 것이다. 이는 단지 불친절이라는 평가에 그치지 않는다. 말투 하나 때문에 나중에는 직장인으로서 불성실하고 더 나아가 인품이 형편없는 사람이라는 평가까지 듣게 된다.

따라서 직장인이라면 고객 만족 여하를 떠나 말투를 반드시 교정해야 한다. 어떤 면에서 보면 화법에서 가장 중요한 것이 말투라 생각한다. 그러니까 말투 하나만 바꿔도 사람이 확 바뀌는 것 같은 인상을 주게 된다.

## 말투만 바꿔도 인생이 달라진다

직장생활뿐만 아니라 가정에서도 그렇지 않은가? 부부간에 다툼이 시작되는 이유는 그럴 만한 사유가 있지만 그 다툼이 큰 싸움으로 변하는 것은 말투 때문인 경우가 대부분이다. 그래서 어떤 이는 지적하기를 '연애 말투'가 '부부 말투'로 바뀌게 되면 부부간의 갈등이 커진다고 했다. 연애 말투가 상냥한 말투라면 부부 말투는 퉁명한 말투라는 것이다.

이쯤에서 당신도 점검해 보자. 말투가 어떤지를. 뻣뻣하거나 퉁명스런 부분이 있다면 반드시 고쳐야 한다. 말투의 연출이 필요하다. 그렇다고 해서 너무 간드러지게 부드러운 말투가 꼭 좋다는 것은 아니다. 모든 게 그렇듯이 지나치면 부족한 것과 같다. 지나치게 부드러운 말투를 구사하면 자칫 가식이나 쇼로 받아들임으로써 신뢰를 잃게 된다.

정중하면서도 부드러운 말투, 상냥하고 웃음이 묻어나는 말투가 좋다. 그것을 위해 당신의 말투를 어떻게 조정할 것인지 고민해 보자. 그리고 반드시 고치자. 말투, 그것 딱 하나만 고쳐도 당신의 고객 만족 평가는 훨씬 달라질 것이다. 말투가 당신의 인생을 바꿀 수 있다.

## 02 젊은 여성의 말투, 문제 있다

커피전문점이나 카페에 가 보면 특히 20대 젊은이들이 고객을 맞이하는 장면을 보게 된다. 그런 곳에 나이 든 종업원이 있으면 젊은이의 발길이 뚝 끊어진다는 경험담도 들은 바가 있다.

싱그러운 청춘들이 매장에서 고객을 상대하는 모습을 보면 확실히 활기차고 재치 있고 분위기가 밝고 좋다.

그런데 문제는 젊은이들의 말투다. 아니 정확히 구분해서 말하자면 젊은 여성이 문제다. 이걸 글로 표현하려니까 엄청 힘든데 상상력을 동원해서 글을 읽으시기 바란다. 이를테면 코 먹은 비음이기도 하고, 어린아이가 어리광을 부리는 것 같은 말투 말이다. 목소리가 정상적으로 나오는 게 아니라 목구멍에서 굴려 억지로 만든 말투를 듣게 되면 어쩐지 프로 직장인 같은 인상을 받지 못하게 된다.

제발이지, 평소에 발음 연습을 좀 해 줬으면 한다. 그런 말투로는 커피 매장을 떠나 어떤 직장을 잡더라도 문제가 된다. 고객을 상대하는 것은 그렇다 치고 직장에서 제대로 자리잡은 프로 직장인에게 그런 말투는 금물이다.

## 고객의 입장에서 말하는 법을 생각해 보자

말투와 관련하여 문제가 되는 것이 콜센터 종사자의 경우다. 요즘은 남성 텔레마케터도 있지만 일단은 '콜센터=여성'으로 인식되는 것이 보통이다. 콜센터 상담원의 특유의 말투는 개그 프로그램에도 등장할 만큼 독특하다. 콜센터라는 것이 처음 생겼을 때만 해도 콜센터 종사자의 특유의 말투는 친절과 세련됨으로 받아들여졌다. 그러나 세월이 지나면서 콜센터 특유의 정형화된 말투에 많은 사람들이 거부반응을 일으킨다. 심지어 짜증스럽다는 사람도 있고 말투만 듣고도 전화를 끊어 버리는 경우까지 있을 정도다.

텔레마케터로서는 그런 말투와 목소리가 상냥하고 친절하고 부드럽고 감칠맛 나는 것이라 생각할지 모르나 고객이 받아들이는 것은 전혀 그렇지 않다. 그냥 목소리로만 건성으로 말하는 '닳고 닳은 느낌'을 받는 것이다.

콜센터 텔레마케터들에 관한 이야기가 나온 김에 하나 더 짚고 넘어가자. 그들의 화법 중 귀에 거슬리는 것이 있다. 반복이 그것이다.

만약 카드를 잃어버려 콜센터에 전화를 걸었다 치자. 드디어 상담사와 연결이 되면 그녀(또는 그)는 이렇게 응수한다.

고객 : "제가 오늘 12시경에 카드를 분실했는데요…."

콜센터 : "아, 고객님. 오늘 12시경에 카드를 분실하셨다는 말씀이군요."

이런 식으로 말이다.

이렇게 콜센터 종사자들이 반복을 하는 데는 심리학적 근거 때문이다. 심리학의 대가 로저스에 의하면 상담을 할 때 상대방의 말을 반복하라고 했다. 즉, 상담을 요구하는 사람과 만났을 때 만약 그가 "저는 요즘 몹시 우울합니다."라고 하면 무조건 그 말을 반복하면서 이야기를 이끌어 가라고 가르친다. "요즘 몹시 우울하시다는 말씀이군요."라는 식으로 말이다. 그래야 상담자를 향해 마음을 연다고 했다. 그런 이론을 도입한 탓으로 그리고 고객의 이야기를 정확히 확인하기 위하여 텔레마케터를 비롯하여 전화로 상담하는 사람들은 하나같이 고객의 말을 반복하면서 접근한다.(『전화는 마케팅이다』, 이하연 지음, 강안, 2018)

그러나 그런 반복이 얼마나 짜증나던가? 카드를 분실한 사람으로서는 빨리 용건을 말하고 사고 수습을 하는 것이 우선이다. 마음이 바쁘고 조급하다. 그런데 쓸데없이 사사건건 반복을 한다?

생각을 바꾸자. 괜한 반복으로 시간을 낭비하고 고객의 심사를 불편하게 할 이유가 없다. 어떻게 하는 것이 정말로 고객의 마음을 사는 것인지 깊은 고려가 있어야 할 것이다.

말투, 그리고 반복, 그런 것 딱 하나만 바꿔도 훨씬 세련되고 자연스러운 서비스 화술이 될 수 있을 것이다.

## 03 제대로 복창하기

앞에서 괜한 반복이 시간을 낭비하고 고객의 심사를 불편하게 할 수 있다고 했다. 그러나 괜한 반복이 아니라, 꼭 필요한 반복—복창도 있다. 다음과 같은 식당에서의 상황을 생각해 보자.

"여기, 물 한잔 더 주시겠어요?"

식사를 하다가 종업원에게 부탁하였다. 당신도 그런 경험이 수없이 많을 것이다. 이때 종업원의 반응은 대개 두 가지다.

"예, 물 한잔이요."

이렇게 복창을 하는 경우와 말없이 물을 가지러 가는 경우다. 복창을 한 경우라도 두 가지 형태가 있다. 힘 있게 말한 경우와 힘없이 말한 경우 말이다. 이렇게 세분해 보면 물 한잔을 주문했을 때 나타나는 반응은 세 가지 형태가 되는 셈이다.

자, 분석해 보자. 이 세 가지 경우에 따라 물을 주문한 고객의 심리는 어떻게 다를까? 한마디로 하늘과 땅이다.

우선 복창을 한다는 것은 주문의 내용을 확인하는 게 된다. 그러니까 복창을 통하여 고객은 자기의 주문을 종업원이 확실히 실행할 것인지를 가늠하게 된다. 그런데 복창을 하더라도 힘있게 대답한 경우가 힘없이 말한 경우는 다르다. 힘있게 대답하면 고객의 기분이 더불어 힘있게 상승한다. 그러나 힘없이 응답했다면 '혹시, 기분이 나쁜가?' 라는 의구심을 갖게 되어 물심부름을 시킨 것이 마음의 부담으로 남는다.

## 복창, 그 딱 하나가 주는 효과

더구나 세 번째 경우 아무런 응답이 없는 경우라면 말할 것도 없다. 주문을 확실히 인지했는지 아닌지에서부터 기분이 상당히 언짢아 있는 것으로 판단할 수 있는 것이다. 이쯤되면 서비스라 할 수도 없다. 오히려 고객의 기분을 상하게 할 것이고 복창을 하지 않은 단순한 것이 '불친절하다.' 는 평가로 연결이 된다는 사실이다.

하루에도 수십, 수백 명의 고객을 상대하는 감정노동자로서는 단순한 복창 하나가 상당한 에너지요, 귀찮은 것임을 안다. 고객의 입장에서는 단 한 번의 복창이라 생각되지만 종업원의 입장에서는 수백 번의 반복임을 안다.

그러나 어쩌겠는가? 고객은 단 한 번의 것으로 모두를 평가하는데 말이다. 서비스란 결국 귀찮음을 뛰어넘는 것이다. 성실히 고객을 잘 응대하면서도 단 한 번의 복창을 회피함으로써 모든 서비스가 불친절로 평가된다면 얼마나 억울한 일인가? 딱 하나만 더 고쳐 보자. 복창 말이다.

## 04 어 다르고 아 다르다

말이란 어 다르고 아 다르다. 한마디 말로 천 냥 빚을 갚는다는 말도 있다. 고객 만족에 있어서도 마찬가지다. 고객의 마음을 움직이는 말이 거창한 것이 아니다. 외국어를 써야 하는 것도 아니고 고상한 말을 해야 하는 것도 아니다. 사람의 마음을 움직이는 말이란 아와 어의 차이일 뿐이다.

최근에 우리나라의 노쇼(No-Show) 문화가 도마 위에 올랐다. '노쇼'란 말 그대로 '모습을 보이지 않는다.'는 의미인데, 고객이 예약을 해 놓고는 그 날짜에 아무 연락도 없이 모습을 보이지 않는다는 말이다. 펑크를 내는 것이다.

이와 관련하여 조선일보에 흥미로운 기사가 났다. 미국에서도 예전에는 노쇼 고객 때문에 골머리를 앓았는데 말 한마디로 펑크의 비율을 확 줄였다는 것이다.

즉, 미국에 노쇼의 폐해가 심각하던 1998년, 미국 시카고에서 고든 싱클레어 씨가 운영하는 레스토랑의 예약 부도율이 무려 30%에 달했단다. 싱클레어 씨는 전화로 예약을 받을 때 고객들에게 "예약 날짜에 못 올 경우 꼭 전화로 통보해 달라."고 부탁하도록 종업원들을 교육시켰고, 그렇게 했지만 상황은 나아지지 않았다.

그래서 고든 싱클레어 씨는 여러 가지로 생각한 끝에 고객들에게 "~해 달라."는 식의 부탁 대신에 "못 오실 경우 전화를 주실 수 있겠느냐(Would you please…)?"는 질문형식으로 바꾸어 말하도록 방침을 바꿨단다. 종업원들이 전화 예약 손님들에게 그런 식으로 질문하면 고객은 당연히 "알겠다."고 답했다.

그런데 이 간단한 말 한마디의 차이가 엄청난 위력을 발휘하였다. 그런 식으로 말을 바꾼 후 한 달쯤 지나자 예약 부도율이 10%대로 내려간 것이다.

당시에 미국의 〈포브스〉지는 싱클레어 씨 식당의 사례를 들며 "(질문으로) 손님들에게 예약을 지켜야 한다는 책임을 일깨워 준 것이 주효했다."고 평가했다(조선일보, 2016. 1. 13). 인간의 심리란 참 묘한 것이다. 말이란 역시 아 다르고 어 다름을 알 수 있다.

## 늘 쓰던 말을 다시 생각해 보자

이 사례를 보면서 우리나라 어느 식당의 사례가 생각났다(C씨의 경험담이다).

C씨가 손님을 접대하기 위해 일식집에 갔단다. 상대방이 식사 장소를 지정했는데 상대방이나 C씨나 처음 가 보는 곳이었단다. 흥미로운 종업원을 만난 것은 식사를 다 마치고 그 집을 나설 때였다. 서빙하던 20대의 젊은 여종업원이 손님을 배웅하며 출입문을 열어 주면서 이렇게 말하더란다

"언제 또 오시겠어요?"

그 말을 듣고 C씨는 깜짝 놀랐다. 거의 대부분, 음식점에서 배웅하는 인사말은 뻔하다. "안녕히 가세요.", "또 오십시오.", "맛있게 드셨습니까?" 이런 인사가 고작이다. 그런데 "언제 또 오시겠어요?" 라니. 이는 단골 고객에게나 하는 인사말 아닌가?

그런데 그 여종업원은 처음 본 고객임에도 마치 수시로 그곳을 거래하는 단골 고객인 양 친근하게 "언제 또 오시겠어요?"라고 말했다. 이는 "또 오세요."와 하늘과 땅 차이이다. '언제'라는 한 단어가 들어가고 질문의 형태로 말함으로써 또 오시는 것은 당연하고 시간을 정하자는 의미가 됨과 동시에 기다리겠다는 정감 있는 표현이 되는 것이다. 참으로 절묘한 인사말이 아닐 수 없다.

어쨌거나 인사말 한마디로 C씨는 그 식당의 단골이 됐다고 한다.

어떤가? 딱 한마디 말로 사람의 마음을 잡은 그 여종업원의 재치가 말이다. 따라서 우리도 습관적으로 늘 사용하던 고객 응대 용어를 구사할 것이 아니라 어떻게 하면 좀 더 인상 깊고 친근한 말을 건넬 수 있을지 연구 좀 해야 할 것이다.

딱 한 끗발 차이로 고객의 마음을 사로잡을 수도 있고 반대로 발걸음을 돌아서게 할 수도 있는 것이다. 말이란 아 다르고 어 다르다.

**딱 하나 발상을 바꾸면(유머)**

어느 중국집에서 손님이 자장면을 시켰다. 드디어 자장면이 나오고 맛있게 먹고 있는데 느닷없이 바둑알 하나가 튀어나왔다. 자칫하면 이빨이 부러질 뻔했다.

황당하고 화가 난 고객이 고래고래 고함을 질렀다.

"주인 나오라 그래! 사람이 먹는 음식에서 바둑알이 나오다니!"

그 광경을 보고 부리나케 사장이 나오더니 손님이 들고 있는 바둑알을 보고는 갑자기 손뼉을 치는 게 아닌가. 그러면서 하는 말.

"손님, 축하드립니다. 탕수육 한 접시 당첨되셨습니다."

## 05 호칭 하나 덧붙였을 뿐인데

여름이 다가오자 청반바지 하나를 장만하고 싶어졌다. 집 근처의 백화점으로 향했다. 몇 군데 매장을 둘러보다 한 곳에 들어갔다. 적절한 가격의 제품에 브랜드 세일까지 하고 있어서 많은 고객들로 매장이 붐비고 있었다.

"고객님, 어서 오세요. 천천히 둘러보시고 맘에 드시는 옷 있으시면 말씀해 주세요, 고객님."

경쾌한 목소리의 여성 판매원이었다. 마침 맘에 드는 스타일이 있어서 그 여성 판매원에게 맞는 사이즈를 요청했다.

"저, 이 바지 제 사이즈로 입어 볼 수 있을까요?"

"네 고객님~, 잠시만 기다려 주시겠어요?"

여성 판매원은 즉시 나의 요구에 반응을 해 준다.

"고객님 여기 있습니다. 거울 뒤로 가서 입어 보시겠어요?"

새 옷을 가져다 주며 그러고는 옷을 입을 수 있는 곳으로 나를 안내했다. 옷을 입는데 이상하게도 그냥 기분이 좋아진다. 무엇 때문에 그런지 그때까지도 정확히 알 수가 없었다. 옷을 입고 나와서 거울을 보고 있자니 다시 그 판매원이 내게 다가온다.

"고객님 어떠세요? 잘 어울리시네요."

직원에 말에 동의한다며 나는 고개를 끄덕였다. 그렇게 해서 반바지 하나를 구입한 것이다. 그러고는 그 코너를 나와 이번에는 화장품 코너에 들렀다. 한번도 사용해 본 적은 없지만 요즘 많은 여성들이 선호하는 브랜드라고 해서 매장에 들어섰다. 두 명의 여성 판매원 중 한 사람이 내게 다가왔다.

"필요하신 거 있으세요?"

"아, 네… 비비크림 하나 사려고요."

"저희 제품 쓰신 적 있으세요?"

"아뇨, 처음이에요."

"피부가 지성, 건성 중에 어떤 톤이세요?"

"글쎄요. 좀 섞여 있는 것 같아요."

"그럼, 이 제품이 좋을 것 같네요. 제가 손에 발라 드려 볼게요."

직원은 제품을 나의 손등에 발라 보며 테스트를 해 본다. 그동안 인터넷을 통해서 제품에 대하여 사전 정보가 충분했던 터라 나는 곧바로 구입하기로 했다.

"계산해 드리겠습니다."

"네, 이 카드로 결제해 주세요."

직원은 아무 말 없이, 카드를 받아서 결제를 하였고, 나는 곧 그 매장을 떠났다. 그런데 심정이 참 묘했다. 조금 전의 청바지 코너에서는 왠지 기분이 좋고 업(up)됐었는데 화장품 코너에서는 뭔가 2% 부족한 기분이었기 때문이다. 왜 그랬을까? 나는 서비스를 연구하는 사람답게 직업병(?)이 발동했다. 그 차이는 바로 '고객님'이라는 호칭의 차이었던 것이다.

백화점 여성 종업원이니 상냥하고 친절한 것은 같은 수준이었다. 그러나 옷 코너의 그녀는 줄기차게 '고객님'을 외친 반면에 화장품 코너의 그녀는 일체 고객님이란 호칭을 사용하지 않았던 것이다.

## 호칭이 말투를 바꾼다

호칭 한마디가 그렇게 고객의 기분을 좌우할까? 당연히 그렇다. 그 호칭이 있음으로써 훨씬 더 친근하게 느껴졌던 것이다. 그리고 고객으로 하여금 특별한 대접을 받는 것 같은 심리적 효과를 가져오게 된다. 예컨대 "철수야, 이리 와 보렴."과 그냥 "이리 와 보렴."은 아주 작은 차이지만 그 말을 듣는 사람에게 특별한 감정을 느끼게 해 준다.

뿐만 아니라, 호칭이 바뀌면 말투가 바뀐다는 연구 결과도 있다. 예를 들어, 고객이 무엇인가를 질문하거나 요구할 때 "알겠습니다."

와 "알겠습니다, 고객님." 은 확실히 말투가 달라지고 어감이 다름을 느낄 것이다. 예를 들어 상대를 "야!" 라고 부르면 당연히 그 이후에 반말이 나오고 위압적이거나 명령조의 말투로 바뀌는 것이다.

호칭 하나 덧붙였을 뿐인데 고객이 느끼는 친근함의 감정은 이렇게 달라진다. 그 점을 인정한다면 우리는 과연 어떻게 말해야 할 것인지 판단이 설 것이다.

때로는 호칭 하나가 고객으로 하여금 전혀 상반된 감정을 느끼게 될 수도 있다. 고객 만족이란 이처럼 간발의 차이로 결정나는 것이다.

호칭, 제대로 사용해 보자.

### 호칭 하나의 위력

미국의 트럭 서비스회사인 PIE. PIE가 운송계약의 실수로 인하여 매년 25만 달러의 손실을 보고 있을 때, 어떻게 하면 손실을 줄일 것인지 컨설팅을 받았다. 그런데 조사 결과는 실수의 56%가 회사 일꾼들이 컨테이너를 꼼꼼히 식별하지 않기 때문인 것으로 나타났다.

컨설팅을 맡았던 에드워즈 데밍 박사는 일꾼들이 직장인으로서의 기본자세가 안 되어 있어서 실수가 많은 것으로 분석하고 의식을 바꾸는 게 최선책이라 결론지었다. 그리고 그 의식전환의 수단으로 채택한 것은 의외로 간단했다. 즉, 그동안 '일꾼' 또는 '트럭운전사' 라고 부르던 호칭을 '장인' 으로 부르게 바꾼 것이다.

그 결과는 놀라웠다. 일꾼들은 스스로를 장인이라고 생각하기 시작했고 한 달도 되지 않아 56%에 달하던 배송 관련 실수가 10%로 줄어 버렸다. 호칭하나가 그들의 자아개념을 바꾸어 놓은 것입니다(『낯선 길에 서니 비로소 보이는 것들』, 이성엽 지음, 황금부엉이, 2013).

## 06 말 한마디로 누구나 천사가 될 수 있다

TV 예능 프로그램에 SBS의 〈싱글와이프〉라는 것이 있다. 워킹맘으로 살던 여성들이 낯선 나라를 여행하면서 일어나는 일들을 소개하는 프로그램이다. 그중에서 인기를 끌었던 출연자는 '우럭 여사'. 즉, '우아한 럭비공'이라는 별명을 갖고 있는 여성 출연자였다. 40대 중반의 연극배우 출신인 그녀가 조금은 허당끼 충만하고 엉뚱하지만 유쾌한 매력으로 시청자를 사로잡았다. 그런 그녀의 여행지는 러시아의 블라디보스토크였다.

공항에서 내려서 홈스테이를 하기로 한 숙소를 찾아가는 그녀의 여정은 그야말로 손에 땀을 쥐게 했다. 혼자 낯선 곳에서 지하철 등 대중교통을 이용하여 숙소를 찾아간다는 것이 얼마나 가슴 졸이는 일인가. 나는 그녀가 어떻게 목적지에 도달하는지 숨을 죽이고 지켜

보았다.

밤늦은 시간에 목적지를 찾아가는 '우럭 여사'. 지하철역의 상점들도 문을 닫았고, 지나가는 사람도 거의 없는 막막한 상황에서 때마침 귀가를 서두르는 젊은 러시아 여성을 발견한다. '우럭 여사'는 그녀를 잡아 세웠고 러시아 여성은 당황하고… 대화라고 해 봤자 '우럭 여사'는 한국말로 '러시아 여성'은 러시아 말로 하니 제대로 소통이 될 수가 없다. 그러나 친절한 러시아 여성은 주소를 받아들고 친절하게 그녀를 숙소까지 직접 데려다 준다. 생면부지의 그녀가 '우럭 여사'에게는 구세주요 천사였다.

무사히 홈스테이에 도착한 '우럭 여사'는 안도와 고마움의 눈물을 흘리며 천사 같은 러시아 여성을 안아 주었고, 그 장면을 보고 나도 눈물을 흘렸다. 친절이 얼마나 인간에게 소중한 것인지를 가슴 깊이 느끼는 순간이었다. 그때 문득 떠오른 것은 독일에서의 에피소드다.

몇 년 전 나는 독일 뮌헨으로 교육 관련 비즈니스 출장을 갔었다. 2주 동안의 낯선 생활은 몸과 마음을 지치게 했다. 이른 아침부터 시작되는 일정을 소화하고, 입에 맞지 않는 음식, 그리고 낯선 환경에서 집 생각이 간절했다.

월요일부터 토요일까지 빡빡한 일정을 보낸 일요일 오후. 한국에서 함께 간 동료와 둘이서 시내에 나가기로 했다. 숙소에서 한참을 걸어서 지하철역에 도착했다. 그것은 이방인에게 하나의 도전이었다. 무인 시스템을 이용해서 표를 끊는 것조차 힘들었으니까. 그렇게 우리는 '마리엔플라츠'에 도착했고 거기서 '씨클로(인력거 형태의 자전거)'를 발견하였다. 영화에서나 보았던 씨클로 여러 대가 관광객을 모객하고 있었다. 우리는 그것을 타 보기로 했다. 그래서 머리가 시원하게 벗겨진 씨클로 아저씨에게 다가갔다. 우리를 발견한 그가 환한 미소를 지으면서 묻는다.

"코레아?"

정말 눈치 빠른 사람이었다. 우리는 흥정에 들어갔고, 마리엔플라츠를 지나 잉글리쉬파크까지 갔다가 다시 이곳으로 돌아오는데 100불을 달라고 했다. 시간은 1시간 정도 걸린다고 했다. 적은 돈이 아니었지만 우리는 즐기기로 했고 드디어 출발했다.

프랑스에서 왔다고 하는 그는 마리엔플라츠의 곳곳을 누벼 주었다. 그리고 풍광이 좋은 곳에서 내리라고 독촉하며 한껏 웃음을 주면서 사진을 찍어 주었다. 직업적으로 씨클로를 운전하는 그는 많이 힘들 것이다. 쉴 새 없이 발을 휘저어야 하니 말이다. 그럼에도 그는 한결같이 쾌활했고 너털웃음을 웃었으며 신나는 음악을 들려주었다. 그와 함께한 짧은 여정은 정말 즐거움 그 자체였다. 그 순간 천사가 우리에게 나타났다는 생각이 들 정도였다.

## 천사가 되는 마법—친절

우리가 서비스 현장에서 매일 만나는 고객에 대해서도 마찬가지다. 당신이 러시아나 독일에서 친절한 사람을 만나면 천사로 생각하듯이 서비스 현장에서 친절한 사람을 만났을 때 고객은 당신을 천사로 생각할 것이다.

서비스 현장에서 고객에게 배려하는 따뜻한 말 한마디가 그 사람의 인생을 바꿀 만큼의 전환점을 주지는 못할지라도 또다시 그곳을 찾고 싶게는 할 것이다. 단골이 될 것이다.

해결해야 할 일 때문에 우울했던 마음이 위로받기도 하고, 기다림으로 인하여 짜증이 났던 마음이 누그러지기도 할 것이다. 때로는 이 세상이 아직은 살맛나는 세상이라는 생각이 들게 할 것이다. 그 순간 당신은 고객에게 분명히 천사가 되는 것이다. 친절한 말 한마디는 누구나 천사가 되게 하는 마법을 발휘하는 것이다.

# 07 한마디 말이 주는 감동

가족과 함께 미국의 디즈니랜드에 갔었다. 미국에 입국할 때 공항에서의 검색이 삼엄했던 건 그렇다 치고 디즈니랜드조차 출입자에 대한 검색이 강화되어 있었다. 트럼프 행정부가 들어선 탓보다는 아마도 세계적인 테러의 위험 때문일 것이다.

디즈니랜드는 주차장에서부터 입구까지 거리가 상당히 멀었고, 입구에서는 관람객의 소지품을 검색하느라 시간이 무척 오래 걸렸다. 자신의 소지품을 검색당하는 것은 분명 유쾌한 경험은 아니었다. 순서에 맞춰서 검색을 하는데 직원이 검색은 철저히 하면서도 고객에 대한 응대는 상당히 친절했다.

"Where are you from?" 이라는 질문에 "South korea." 라고 답하자 "안녕하세요. 감사합니다." 라고 한국말로 말하는 것이 아닌가.

뜻밖이었다. 역시 글로벌한 테마파크임을 실감할 수 있었다.

검색이라는 절차는 분명 긴장되고 불편한 순간이지만 그들은 그것을 상쇄시키기 위해 다른 서비스를 강화하고 있음이 분명했다. 한국말 인사말—그 사소한(?) 말 한마디가 긴장과 불편을 위로하고도 남았다. 역시 디즈니랜드라는 감탄을 자아내게 하는 것이다.

## 따뜻한 마음을 담아라

내가 하는 일에는 몇 가지가 있다. 그중의 하나가 독일의 명차를 생산하는 BMW Group의 External Trainer로서 일하고 있다. 얼마 전, 나는 BMW Group에서 직접 한국에 와서 실시하고 있는 'Trainer to trainer' 과정에 참가하였다.

교육은 4박 5일 동안 1회, 또 4박 5일 동안 2회가 진행되었다. 총 10일 동안 모든 과정을 마치고 피드백을 듣는 시간이 있었다. 나는 의외로 좋은 평가를 받았다. 그 결과, 독일 BMW Group Academy Wall of fame에 한국 여성으로는 최초, 한국 Trainer로는 두 번째로 얼굴 사진이 게시되는 영광을 누렸다. 이를테면 트레이너로서 '명예의 전당'에 나의 얼굴 사진이 독일에 전시되고 있는 것이다.

선생님과 단독의 피드백 세션을 가졌을 때의 일이다. 아직 내가 좋은 평가를 받았는지 알지 못하는 상황이었으니 쑥스럽고 혹시나 평가가 나쁘면 어쩌나 바짝 신경을 쓰고 있었다. 그런데 독일에서

온 선생님은 매우 만족한 평가를 해 줬다. 그 순간 나는 가슴이 뭉클했다. 준비하는 과정도 힘들었고, 통역이 있었지만 영어로 진행되는 과정이라 하루하루 얼마나 긴장했던가. 막상 잘했다는 말을 들으니 눈물이 글썽이게 됐다.

내가 눈물을 글썽였을 때 트레이너가 내게 따뜻한 표정으로 건넨 말은 딱 한마디였다.

"I Know."

아! 나는 그 한마디 말의 위력을 실감했다. 더 나은 말이 필요 없었다. 'I know' 에는 '나는 충분히 알고 있어요. 그동안 당신이 이 과정을 준비하고 진행하느라 얼마나 고생했는지를' 이라는 의미가 함축되어 가슴을 파고들었던 것이다. 오히려 그 한마디는 장황한 위로의 말보다 더 위력이 컸다. 만약 장황하게 나의 수고를 설명하며 위로했다면 오히려 감동이 적었으리라.

고객에게 서비스를 제공하는 것은 거의 대부분 말로 이뤄진다. 우리는 과연 어떤 말로 고객을 감동시키고 있을까? 한마디 말의 위력을 인정한다면, 고객을 대할 때 무슨 말로 감동시킬지 한 번 생각해 보자. 그것은 보여 주기식 쇼로 되는 것이 아니다. 가식으로 사람을 감동시킬 수는 없다. 고객의 심정을 이해하는 따뜻한 마음을 가지고 있어야 따뜻하게 상대를 감동시킬 수 있을 것이다.

따뜻한 마음—우리의 말에 딱 한 가지, 그것이 부족한 것은 아닐까?

## 08 침묵도 훌륭한 커뮤니케이션이다

인터넷에는 택시기사가 자꾸 말을 걸 때에 대처하는 방법에 대한 유머가 떠돌고 있다. 누가 만들었는지는 알 수 없지만 웃음을 자아내게 한다.

(1탄)

택시기사 : 우리 아들이 대기업 과장인데, 대학은 어딜 나왔고, 회사는 어디에 있고… 그런데 총각은 무슨 일 해?

나 : 검사인데요.

택시기사 : 뭐?

나 : 검사요. 판검사 할 때 그 검사요.

택시기사 : …….

그러면 조용히 갈 수 있단다.

(2탄)

택시기사 : 아가씨는 언제 결혼할 거야? 남자 친구는 있어?

나 : 지난주에 죽었어요.

택시기사 : …….

역시 조용히 갈 수 있단다. 이런 식의 유머가 몇 가지 더 있지만 다들 알고 있을 테니 생략하자.

왜 그런 유머가 나왔을까? 모든 택시기사가 다 그런 것은 물론 아니지만, 승객들에게 너무 많은 말을 건넴으로써 신경을 피곤하게 하는 경우가 있기 때문이다. 실제로 독자 여러분도 많은 경험이 있을 것이다. "요즘 경기가 어떠세요?" 라는 질문에 장황하게 설이 어이지고 나중에는 대통령에 대한 욕까지 등장하는 경우도 나는 경험했다.

고객을 상대하면서 따뜻하고 친절한 말을 하는 것은 좋은 일이다. 사람을 감동시킨다. 그러나 때로는 침묵이 더 좋을 때도 있다. 그래서 요즘 '침묵 서비스' 라는 것이 등장했다.

최근 일본에서 이러한 침묵 서비스가 등장해 주목을 받고 있는데 역시 택시 업계에서 시작되었다. 택시를 이용하는 경우 운전사와 승객과 자연스럽게 대화를 나누는 경우가 많지만 승객이 피곤한 상태거나 이동 중에 해야 할 일이 있을 때는 대화가 성가실 수밖에 없기 때문이다.

그래서 일본 교토의 한 택시 회사에서는 승객에게 먼저 말을 걸지 않는 '침묵 택시'를 도입했다. 택시의 조수석 목 받침대 뒤에 '이 승무원은 말하는 것을 자제합니다.'라고 쓰여 있고, 목적지를 묻거나 요금을 지불할 때 외에는 손님에게 먼저 말을 걸지 않는다는 것이다.

## 고객의 묘한 심리를 이해하자

국내에서 침묵 서비스가 도입된 곳의 하나가 뷰티 업계다. 고객들이 이미 제품에 대한 정보를 알고 오는 경우가 많기 때문에 고객이 매장을 둘러보는 동안 괜히 "뭘 찾으세요?", "무엇을 도와드릴까요?"라며 말을 붙이는 것이 오히려 방해가 되기 때문이다.

그래서 '고객이 먼저 도움을 요청하기 전에는 매장 직원이 다가가지 않는다.'는 암묵적인 규칙하에 침묵을 서비스의 하나로 여기는 것이다. 아모레퍼시픽의 이니스프리 매장에서는 매장 입구에 '혼자 볼게요.', '도움이 필요해요.'라고 적은 각각의 바구니를 준비해 두고 고객이 어떤 바구니를 선택하여 쇼핑을 하느냐에 따라 말을 걸든가 아니면 침묵으로 조용히 지켜보든가 하는 것이다(http://cblog.co.kr/221096111840).

앞으로 침묵 서비스는 상당히 확산될 것이다. 사람들은 외로움 때문에 누군가와 대화를 나누고 싶어 하는 반면에 혼자 있고 싶어 하기도 한다. 그에 맞춰서 고객이 아무에게도 간섭받으려 하지 않는 심리를 이해하는 것은 매우 중요하다.

당신이 고객을 대함에 있어서 너무 적극적인 나머지 고객이 조용히 있고 싶어 하는 자유를 침해하고 있는 것은 아닌지 돌아보자. 당신이 상대를 친절하게 대하고 배려하는 것은 좋은 일이다. 그러나 때로는 딱 하나, 말을 좀 줄여야 하는 것은 아닌지도 살펴볼 필요가 있겠다.

침묵도 대화요, 커뮤니케이션이며 서비스인 것이다.

# 09 화법과 관련하여 바꾸어야 할 딱 하나는?

지금까지 고객 만족을 성공시키기 위한 서비스인의 바람직한 화법에 대하여 살펴보았다. 말이란 아 다르고 어 다르다. 작은 차이가 엄청난 효과를 나타낸다. 따라서 고객을 대하는 당신의 화법을 재점검해 볼 필요가 있다. 당신의 화법에 어떤 문제가 있다고 보는가? 딱 하나 고친다면 무엇을 어떻게 해야 한다고 생각하는지 체크해 보자.

"

고객 만족은 거창하고 어려운 것이 아니다. 다시 한 번 내가 제공하는 서비스를 점검해 보자. 그리고 머릿속으로 상상해 보자, 고객이 우리 서비스 현장, 우리 서비스를 이용할 때 불편함이 있는지를. 또한 고객의 입장에서 실제 서비스를 경험해 보자. 그러고는 무엇이 문제일지를 알아내 시스템을 확실히 개선해야 한다. 사람은 바뀌어도 시스템은 제대로 움직여야 기업이 산다.

"

6장

# 시스템 하나 바꾸기

## —서비스 시스템

YOU JUST NEED TO CHANGE ONE THING

고객 만족, 딱 하나 서비스 프로세스

## 01 시스템이 별건가?

영월로 가족 여행을 가기로 했다. 1박 2일의 간단한 힐링여행이다. 여행에서 가장 중요한 것은 역시 잠자리. 나는 인터넷을 통해 이용객들의 평이 좋은 곳을 검색하였다. 드디어 예쁜 펜션을 찾을 수 있었다. 여러 장의 사진으로 홍보하고 있는 그 펜션은 아기자기한 멋이 있는 소박한 집이었다. 인터넷을 통해 예약을 하고 여행 당일에 가족 모두가 그곳을 향하면서 실제로 어떤 모습의 펜션일까 궁금하였다. 젊은 부부가 운영하는 그곳은 인터넷의 사진으로 봤던 그대로였다. 대개의 경우 사진과 실제가 달라 실망하는 수가 많은데 그곳은 오히려 '실물'이 더 낫다는 생각을 할 정도였다.

이건 참 의외다. 펜션뿐만 아니라 사람들의 인물 사진도 어떻게 해서든 더 좋은 모습을 보이려는 게 인간의 심리다. 그러나 실제로 실물을 보고 실망하는 경우가 얼마나 많던가. 그래서 나는 지인들에게 프로필 사진을 인터넷에 올릴 때는 실물과 꼭 같거나 아니면 그보다 좀 못한 것을 올리라고 말한다. 사진으로 본 인물보다 실물이 더 나을 때 신뢰가 가기 때문이다. 반대로 포토샵 처리를 심하게 해서 실물과 전혀 다른 인물을 만나게 될 때 그 실망은 곧 불신이 되고 그럼으로써 인상을 나쁘게 갖는 경우가 많기 때문이다.

우리 가족은 그 펜션에서 즐겁고 편안한 휴식을 취했다. 그리고 다음 날 오후, 우리는 그곳을 떠나 다시 서울을 향했다. 우리가 떠날 때 주인 부부가 마당에 나와 우리를 전송하였다. 편안히 가시라는 인사말과 함께. 그리고 강원도의 시골길을 지나 고속도로에 진입할 때쯤 '카톡!' 하는 소리에 스마트폰을 보니 문자메시지가 한 통 왔음을 알려 주고 있었다. 뭐지?

'즐거운 여행이 되셨나요? 행복한 기억 오래 간직하세요. 댁까지 편안한 여행되시고요….'

우리가 머물렀던 펜션의 주인이 보낸 카톡 메시지였다. 역시 소문난 집이 달랐다. 그 메시지를 가족들에게 보여 주자 이구동성으로 말한다. "우리 나중에 그 집에 또 오자."고. 그리고 이웃들에게 소문을 내주자고 말이다.

## 애프터서비스 시스템

우리는 고객 만족을 다룰 때 첫인상을 많이 강조한다. 하지만 사실 첫인상보다 더 중요한 것은 서비스가 종료되고 남는 마지막 인상이다. 특히 고객은 서비스 상황에서 첫인상보다는 마지막 인상을 더 오래 기억하게 된다. 마지막 인상은 다시 그 서비스 현장, 즉 매장, 병원, 음식점 등등을 다시 이용할 것인지 말지를 결정하게 되는 중요한 단서가 될 수 있다. 한번으로 끝나는 서비스가 아닌 재구매로 이어져야 하는 서비스 현장의 경우 마지막 인상이 주는 잔상이 고객을 다시 이용하게 하는 방안이 될 수도 있다.

설령 첫인상에서는 별로 호감을 얻지 못했더라도 서비스를 받고 난 다음에 마지막으로 남는 인상이야말로 그 서비스의 최종 결과라 할 수 있다. 첫인상이 단 몇 초 만에 형성되는 것이라면 마지막 인상은 오랫동안 시간이 경과됨으로써 남게 되는 종합적인 인상이다. 이를 가리켜 김대식 씨는 『사람을 남기는 관계의 비밀』에서 '뒷심 법칙'이라고 명명했다. 그는 뒷심을 위하여 누군가를 만나고 헤어진 후에 만남에 대한 소감을 문자나 메일로 전하는 것이 하나의 요령이라고 했다. 헤어지고 나서 10분 이내에 전달하라는 것이 그의 주장이다. 그래야 함께했던 시간을 상대방도 더 특별하게 기억할 수 있다는 것이다(『사람을 남기는 관계의 비밀』, 김대식 지음, 북클라우드, 2015).

사실 이것은 별것이 아니다. 그러나 많은 경우 그렇게 하지 못한다. 서비스 시스템이라는 것이 유별난 것만을 말하는 게 아니다. 서비스를 제공하고 난 다음에 뒷심을 발휘하여 고객에게 좋은 인상을 줄 수 있는 그 무엇인가를 하나 추가하는 것, 그것을 꼭 애프터서비스 시스템이라고 거창하게 말할 것도 없는 것이다.

우리 회사, 그리고 내게 있어서 딱 하나 추가할 서비스 체계는 무엇인가? 고객에게 마지막 인상을 좋게 하기 위해 실행해야 할 시스템은 무엇인가? 영월의 펜션을 통하여 그런 것을 생각해 보는 계기가 되기를 기대한다.

## 02 고객의 입장에서 접속해 보라

강의 요청을 받으면 버릇처럼 시도하는 것이 강의 요청을 한 기업의 홈페이지에 접속하는 것이다. 아마도 거의 모든 강사들은 그렇게 할 것이다. 그 기업의 성격과 현황을 바로 알아야 그 기업에 맞는 교육이 될 것이기 때문이다.

홈페이지를 방문할 때마다 느끼는 것의 하나는 사람마다, 회사마다 참 개성이 각각이라는 점이다. 어떻게 해서든 돋보이는 홈페이지를 만들려고 했기에 오밀조밀, 나름의 창의성을 최대한 발휘하여 홈페이지를 만드는 것이다. 그래서 홈페이지를 보면 그 기업의 수준을 대충 판단할 수가 있다.

기업의 수준을 가늠할 수 있는 것은 홈페이지에 얼마나 많은 돈을 들였나에 있지 않다. 기업 중에는 돈을 많이 들인 냄새가 물씬 풍기는 홈페이지도 있지만 내가 가장 먼저 보는 것은 홈페이지 하단에 있는 주소다. 왜 그곳을 보냐면 우리나라 우편번호가 6자리에서 5자리로 바뀐 지가 꽤 됐는데도 아직도 예전 표기의 우편번호를 그대로 놔둔 홈페이지가 의외로 많기 때문이다. 이것 하나만 보면 기업의 수준과 서비스 시스템을 금방 알 수 있다.

그 간단한 것에서 기업의 수준을 안다고? 생각해 보라.

첫째 CEO를 비롯한 경영진의 무관심이 그대로 드러나는 셈이다. 적어도 홈페이지를 만들어 운영한다면 CEO와 임원들이 가끔은 점검하면서 가장 최근의 소식으로 업데이트되고 있는지를 살펴야 할 텐데 그것을 게을리한다는 무언의 증거가 되는 것이다.

둘째는 사원들도 역시 회사에 대하여 관심이 없음을 웅변하는 게 된다. 생각해 보라. 홈페이지를 관리하는 담당자는 물론이요 사원들이 가끔은 홈페이지에 들어와 봐야 하는 것 아닌가? 그런데 수많은 임직원이 있음에도 불구하고 예전의 우편번호가 그대로 방치되어 있다면 그 회사가 홈페이지에 제아무리 거창한 슬로건을 내걸었더라도 괜한 공염불이요 립서비스에 불과하다는 것을 의미하는 게 되는 것이다.

셋째는 그 회사의 앞날이 심히 걱정된다는 점이다. 우편번호 하나 가지고 너무 심하게 몰아치는 것 아니냐 할지 모른다. 그러나 잊지 마라. 좋은 회사냐 아니냐, 회사의 미래가 밝으냐 아니냐는 디테일에서 판가름나는 것이다. 하나를 보면 열을 알 수 있다고 하지 않았는가.

그런데 자기네 회사의 얼굴이라 할 수 있는 홈페이지에 우편번호가 철지난 것일 뿐 아니라 더 나아가 아예 우편번호가 표시되어 있지 않다면 그런 회사가 만들어 내는 제품의 디테일이 어떨지 미루어 짐작이 되고도 남는다.

## CEO가 직접 거래해 보라

홈페이지 이야기가 나왔으니 하나 더 짚고 넘어갈 것이 있다. 홈페이지를 통해서 거래를 할 수 있게 만든 경우 정말이지 절차가 복잡해서 일을 처리하면서도 신경질이 팍 솟구치는 경우가 많다.

특정한 회사를 지정해서 말하기에 좀 미안한 감이 있지만 강의를 가기 위해 고속철도 표를 예매하는 경우 예매인터넷 사이트가 너무 복잡하게 되어 있다는 점이다. 좋다. 복잡한 것은 그만큼 꼼꼼히 챙기겠다는 의미로 받아들인다. 그런데 하나만 꼭 집어 말하겠다. 왕복표를 예매하여 그것을 프린팅할 경우다. 왕복표를 예매했으면 한 장의 종이에 왕복표가 한꺼번에 프린팅되는 게 맞다고 본다. 그런데 각각 한 번씩, 두 번을 프린팅해야 하는 것이다.

그것 말고도 문제가 적지 않다. 왜 그런 복잡한 절차가 개선되지 않고 그대로 되어 있을까? 그것을 개선하는 가장 좋은 방법이 있다. 각 기업의 CEO께서는 직원을 시키지 말고 한번쯤 자신이 직접 회사의 거래 사이트를 통해 실제로 인터넷 거래를 해 보시라는 것이다.

정말 꼭 그렇게 하셔야 한다.

대개의 경우 CEO는 연령이 높아서 젊은 사원들보다는 인터넷 거래와 절차에 숙달되지 않았을 것이다. 그러기에 CEO가 인터넷 거래를 해 본다는 것은 나이든 고객이 모처럼 거래를 해 보는 것과 상황이 비슷할 것이다. 더구나 지금은 고령화 시대다. 나이든 고객이 엄청 많다. 그럼에도 젊은이들은 그 속 타는 심정을 모른다. 그것을 대행해 보는 게 바로 CEO가 거래를 시범적으로 해 보는 것이다. 그러면 무엇이 문제인지 확실히 드러난다.

부사장으로 은퇴한 노신사(로버트 드니로, Robert De Niro)와 열정으로 뭉친 젊은 여성 CEO 사이의 공존을 그린 영화 〈인턴〉이 많은 화제를 낳았었다. 고령화 사회에 접어든 우리나라 실버 세대에게 어떻게 젊은 층과 공존하면서 살아가야 하는지를 알려 주는 훈훈한 스토리의 영화였다. 이 영화에서 특히 관심을 끄는 부분이 있었다. 젊은 여성 앤 해서웨이는 200여 명의 직원을 둔 쇼핑몰 CEO이다. 그녀는 비록 크게 성장한 기업의 대표지만 최일선 영업현장을 직접 챙길 정도로 열정적으로 일한다.

고객의 주문에 무엇이 문제인지, 고객을 대하는데 있어서 직원들의 문제는 무엇인지 파악할 뿐 아니라 심지어 제품을 포장하는 직원들을 직접 지도하는 등 인터넷 쇼핑에 따른 작은 결함도 발생하지 않도록 철저히 챙기는 장면이 매우 인상적이었다.

그렇다. CEO가 밤낮없이 고생하시는 건 잘 안다. 미국 영화 〈시애틀의 잠 못 이루는 밤〉에 빗대어 'CEO의 잠 못 이루는 밤'이라고 나는 말한다. CEO로서는 이 어려운 시기를 어떻게 극복하고 사원들에게 직장다운 직장을 만들 것인지 잠 못 이루는 밤이 많다는 이야기다.

그러나 회사의 발전도 좋고 종업원을 위하는 것도 좋지만 우선 출발은 작은 것부터 제대로 챙겨야 한다. 디테일 말이다. 그 출발점이 홈페이지요 회사의 인터넷 거래 사이트이다.

CEO가 직접 챙겨야 한다. 앤 해서웨이처럼.

## 03 콜센터 체계도 고칠 것이 많다

날이 갈수록 고객을 직접 대면하는 서비스가 줄어들고 전화와 메일 등으로 소통하는 비대면 서비스의 양이 늘고 있다. 그중 가장 중요한 역할을 하는 곳이 콜센터일 것이다. 문제가 발생하여 그것을 해결하려 해도 결국은 콜센터에 전화를 걸어야 하며 반대로 기업의 입장에서 고객에게 편의를 제공하려 할 때도 콜센터가 이용된다.

이렇게 중요한 역할을 하는 콜센터인데 막상 그것이 운용되는 상황이나 체계를 보면 아직 꽤 멀었다는 생각이다. 목소리는 상냥하고 최선을 다해 문제를 해결하려고 하는 것은 알겠다. 그러나 '딱 하나만 고쳤으면' 싶은 경우가 많다.

가장 답답한 것은(고쳤으면 하는 것은) 콜센터에 전화 연결이 쉽지 않다는 것이다. 콜센터에 전화를 걸 일이 생겼다는 것은 무엇인가 문제가 발생했음을 뜻한다. 빨리 해결되기를 바라며 전화를 걸 것이다. 이때 그 콜센터가 고객에게 좋은 인상을 주는 첫 번째는 뭐니 뭐니 해도 빨리 연결이 되는 것이다. 그런데 실상은 어떤가?

누구나 경험해 보았듯이 콜센터에 전화를 걸면, '보는 ARS', '누르는 ARS'와 '말로 하는 ARS' 혹은 '빠른 말 서비스' 중에 고르는 것부터 시작되어 보통 상담원 연결까지 버튼을 누르는 데만 평균 5번 정도의 선택 상황을 거치게 된다. 그렇게 여러 단계의 버튼을 누르고도 상담원과 연결이 안 될 때도 있다. 그래서 전화를 걸기 전부터 스트레스요, 전화기에서 흘러나오는 녹음된 멘트를 듣게 되면 불안하기까지 한다. 이게 과연 전화 연결이 될 것인지 걱정이 되어서 말이다.

이거 한 방에 화끈하게 고칠 수 없는가? 한번쯤, CEO가 카드를 분실했다고 생각하고 자기 회사의 콜센터로 전화를 걸어 실제로 거래를 해 보라. 실상이 어떤지 알아야 한다.

### 고객의 입장에서 다시 보라

더구나 우리나라 사람의 성격이 급한 것은 세계적으로 이름이 나 있다. 오죽하면 '빨리빨리 문화'라고 하던가. 그런 사람들이 콜센터에 전화를 걸어 자동응답 장치의 안내 멘트를 들어야 하다니! 이에 대하여 전화 마케팅을 연구한 전화마케팅연구소의 이하연 소장이 『전화는 마케팅이다』에서 생생하게 KT의 사례를 분석하여 잘 소개하고 있다(지금은 KT의 안내 멘트가 달라져 있다. 그 당시에 그랬다는 것인데, 꼭 KT가 아니더라도 일반적으로 우리나라의 콜센터가 거의 같은 상황임을 고려하여 회사마다 전화응답의 시스템을 만들 때 교훈으로 삼으면 될 것이다).

문의할 것이 있어 전화를 했더니 녹음된 목소리로 이런 멘트가 흘러나왔다.

"안녕하세요. 사람을 위한 기술을 생각하는 KT입니다. 고객님의 성원에 힘입어 올해도 6년 연속 한국 산업서비스 품질지수 1위를 달성했습니다. 늘 변함없이 고객만을 생각하는 KT가 되겠습니다(여기까지 15초). 인터넷, TV, 집전화, 국제전화 등 홈상품 문의는 1번을~"

사람이 등장하지 않고 기계적으로 흘러나오는 회사의 홍보성 멘트를 15초 동안이나 강제로 들어야 하는 고객의 심정이 어떨까? "그까짓 15초"라고 여유를 부리지 마라. 15초는 결코 짧은 시간이 아니다. 그것은 짜증이 나기에 충분한 시간이다. 그러한 안내 멘트를 듣는 고객의 심리가 어떨지 분석적으로 따져 보자.

"안녕하세요. 사람을 위한 기술을 생각하는 KT입니다."

(고객의 생각 : 왜 쓸데없는 소리를 하지? 사람을 위한 기술? 뭐야 이거?)

"고객님의 성원에 힘입어 올해도 6년 연속 한국 산업서비스 품질지수 1위를 달성했습니다."

(고객의 생각 : 난 성원한 적 없거든. 한국 산업서비스 품질지수는 또 뭐야? 6년 연속 1위라고 자랑질을? 그건 그렇고 빨리 상담원과 연결을 해 줘라.)

"늘 변함없이 고객만을 생각하는 KT가 되겠습니다."

(고객의 생각 : 잡소리 집어치우고 빨리 전화 연결을 하라구! 고객만을 생각한다면서 왜 이래?)

"인터넷, TV, 집전화, 국제전화 등 홈상품 문의는 1번을~"

(고객의 생각 : 휴~ 이제부터 바짝 신경써서 들어야겠구먼. 도대체 상담사와의 연결은 언제 되는 거야? 정말 화가 치밀어 오르네.)

어떤가? 이하연 소장의 분석에 공감할 것이다. 거의 모든 기업들이 이런 식의 전화 응대를 하고 있는 게 현실이다. 쓸데없는 광고를 늘어놓고 있다. 고객으로서는 관심도 없는, 아니 짜증을 유발하는 응대를 왜 계속하고 있는 것일이다.

정말로 고객의 입장을 생각한다면 전화가 걸리자 마자 상담원과 연결되는 것이 최선이다. 그럼에도 회사의 홍보를 꼭 해야 한다면 같은 내용이라도 최대한 짧게 하는 것이 바람직할 것이다. 그것이 재치요 센스요 고객을 생각하는 참된 서비스다. 그 장황한 멘트를 다음과 같이 줄여서 한다면 어떨까?

"안녕하세요. 서비스품질지수 1등 기업 KT입니다."

이 한마디면 충분하지 않을까? 말이 꼭 길어야 설득력이 높아지는 것은 절대 아니다. 오히려 짧으면 짧을수록 좋을 것이다.

문제는 당신네 회사의 전화 응답 체계가 어떻게 되어 있는가 하는 것이다. 지금 한 번, 당신이 고객의 입장이 되어 당신네 회사에 전화를 걸어 보라. 그리고 딱 하나 고칠 것이 무엇인지 찾아보자. 분명히 고치고 개선할 것이 있을 것이다.

## 04 끊임없이 혁신하라

콜센터 이야기가 나온 김에 그것을 대상으로 시스템 혁신에 관한 이야기를 이어 가겠다.

세무사로부터 종합소득세 신고를 하려면 지난해에 사용한 카드이용내역이 필요하다고 했다. 매년 5월이면 이런 절차를 밟게 되는데 그때마다 은근히 스트레스를 받는다. 카드사 콜센터에 전화를 했을 때 간편하게 일을 처리하는 카드사가 있는가 하면 미로를 헤매듯 이리저리 휘돌림을 당하는 경우도 있기 때문이다. 어떤 곳은 금방 상담사와 연결되는가 하면 어떤 곳은 계속되는 자동응답 장치의 안내와 씨름을 하기도 한다. 그럴 때의 짜증은 해 본 사람만이 안다. 그래서 강사들이 모이면 각 콜센터의 시스템이 도마에 오르곤 한다. 어느 쪽이 잘 돼 있다거나 또는 어느 회사는 정말 신경질 난다는 식으로 말이다.

그날도 그랬다. 그런데 나이가 많은 강사가 매우 신기한 경험을 했다며 사례를 말해 줬다. 즉 H백화점의 콜센터에 전화를 걸어 카드 이용내역서를 받으려 했는데 가장 먼저 '본인이면 주민등록번호 앞 여섯 자리숫자를 입력하라.' 는 멘트가 나오더란다. 그래서 그 안내에 응하자마자 '어르신' 임이 체크되어 자동적으로 상담사와 연결시키더라는 것이다. 나이가 많다 보면 아무래도 디지털 시스템에 익숙하지 않을 수 있고 때로는 안내의 말을 금방 이해하기 힘들기 때문에 그런 시스템이 만들어졌을 것이다.

그 나이 많은 강사가 말했다.

"작년만 해도 그런 시스템이 아니었거든."

## 변명하지 말고 변화하라

바로 이 점이 중요하다. 끊임없이 개선하고 진화하고 그럼으로써 혁신하는 그것 말이다. 이치가 그럼에도 대부분의 사업장에서는 자기들의 시스템에 고객을 적응시키려고 한다. 고객이 불편을 말하면 고객이 불편해하는 것을 즉각 개선하려기보다 오히려 고객의 '무능' 을 탓하는 경우도 있다. "그것도 못하냐?" 면서.

때로는 다른 고객들은 잘 적응하는데 왜 당신만 유별나냐는 식으로 내심 고객의 불만을 무시하고 변명하기에 급급하다. 그래서는 시스템 개선은 요원하다.

자고로 '고객의 불평과 불만은 돈 버는 방법을 가르쳐 주는 것'이라고 했다. 회사의 임직원으로서는 자신들의 시스템이 최선이라고 생각할 것이다. 자기들의 입장에서는 분명히 그럴 것이다. 그러나 고객이 그 시스템에 불평을 하고 불만족함을 표현한다면 그것이야말로 시스템 개선의 결정적 힌트를 주는 것이다. 사업 번창의 길을 알려 주는 것이다. 그렇지 않은가?

따라서 기업은 자신들의 시스템이 '완성된 것'이라는 생각을 버리고 끊임없이 개선하고 진화하고 혁신해야 한다. 그럼으로써 업계의 선두주자가 돼야 한다. 그것이 변화무쌍한 이 시대에 시장을 선도하는 기업이 되는 지름길이다. 결코 변명하지 말고 변화해야 한다.

## 05 사랑합니다, 고객님

고객 만족 서비스 체계에 있어서 가장 일반적인 것 하나를 고른다면 아마도 전화를 받는 사람의 응대 용어일 것이다. 이는 우리뿐만 아니라 선진 외국에서도 전화 응대를 위한 첫 응대 용어를 만들어 사용하고 있다. 그중에서도 우리나라에서 발견하는 가장 특이한 전화 응대 체계를 꼽으라면 단연 "사랑합니다. 고객님."을 선정하겠다.

2006년 7월부터 114 전화번호 안내 상담원의 인사말로 사용되기 시작한 이 말은 전국적인 화젯거리가 됐었다. 그 후 "사랑합니다. 고객님."은 KT의 상징이 됐고 많은 논란이 되기도 했다. 과감하게 '사랑한다.'는 말을 전화 응대 용어로 채택한 것이 파격적이고 독특하다면서 호감을 표시한 사람도 많지만, 한편에서는 콜센터의 상담사들에게 '사랑'을 강요하며 "굴종적 감정노동을 조장한다."는 비판을 하기도 했다. 심지어 그 말을 듣고 "사랑한다면 만나자."는 고객들의 성희롱적 반응도 종종 있는 모양이다.

그 응대 체계는 2008년 12월에 다른 인사말로 교체되면서 사라졌는데 10년이 지난 최근에(2017년 5월) KT가 다시 사용하기로 한 것을 보면 역시 괜찮은 서비스 체계라 할 수 있을 것이다. 앞으로 어떤 에피소드를 남기고 또 사라질지 모르지만, 중요한 사실은 딱 말 한마디의 서비스 체계가 회사의 이미지를 바꾸고 심하면 회사의 운명을 바꿀 수 있다는 사실이다.

## 말 한마디만 바꿔도

요즘은 사람들이 매우 다양해져서 어떤 서비스 체계이든 간에 왈가왈부는 당연히 있게 마련이다. 그런 걸 일일이 신경쓰면 아무 일도 못한다. 일단은 그 응대 체계로 인하여 큰 반향이 있었다는 것은 그만큼 성공적이라 할 수 있다. 말 한마디로 회사를 크게 홍보했다는 면에서 더욱 그렇다. 좋든 나쁘든 논란이 컸다는 것 자체가 마케팅에 있어서 성공적이었다고 보기 때문이다. 노이즈 마케팅이라는 것도 있지 않은가.

그렇다면 당신 회사는 지금 어떤 전화 응대 용어를 사용하는지 돌아볼 필요가 있다. 평범하고 일반적인 응대 체계인지, 아니면 고객으로부터 호감을 살 수 있는 당신네 특유의 그것인지 점검해 보자.

그리고 창의적인 발상으로 더 좋은 체계는 없는지 따져 보자.
서비스 체계란 말 한마디만 바꿔도 달라질 수 있는 것이다.

## 06 서비스를 시스템화할 것

이 책에는 식당과 관련된 스토리가 많이 나온다. 왜 그럴까? 우리가 일상에서 가장 많이 접촉하는 곳이 바로 그곳이기 때문이다. 전통적으로 서비스의 주류처럼 생각되던 은행은 이제 거의 온라인 거래로 전환되어 자주 갈 일이 없어졌다. 보통 사람이라면 백화점은 한 달에 한두 번 갈 것이며, 비행기를 타는 것은 1년에 몇 번에 불과할 것이다. 반면에 외식의 비중은 점점 더 높아져서 식당, 카페 등 음식물을 서비스하는 곳은 하루에도 한두 번 들를 정도가 되었다. 또한 식당의 고객 만족이나 은행, 백화점, 항공사의 고객 만족이 다른 게 아니다. 그래서 나는 가장 친근감 있는 사례로서 식당에 관한 스토리를 즐겨 사용한다.

강사들과 워크숍을 마치고 점심 식사를 하러 식당을 찾아 나섰다. 모두가 낯선 지방의 도시여서 워크숍 장소 인근에 '맛집'이 어디 있는지 검색되지 않았다. 우리는 슬슬 걸어서 동네의 뒷길을 걸어 음식점이 몇 곳 눈에 띄는 거리로 나섰다. 거리는 한산하고 음식점마다 썰렁한 분위기였다. 그중 한 곳이 의외로 손님이 북적거려 우리는 그곳으로 들어갔다. 손님이 북적거리면 일단 음식맛이 괜찮을 거라는 믿음이 있으니까.

자리를 잡자, 일행 중 남성 멤버가 "오늘 모임의 성과가 좋으니 먼저 '소맥' 한잔으로 건배를 하자."고 제의했고 모두들 찬성했다.

"아주머니, 여기 소주 한 병과 맥주 한 병 주세요!"

잠시 후, 아주머니가 소주와 맥주를 쟁반에 받쳐 내오는데 우리 일행은 이구동성으로 "와우!" 감탄을 했다. 따끈따끈하게 갓 조리한 두툼한 두부 부침을 서비스로 제공한 것이다. 전혀 예상치 못했던 서비스다.

"이 집, 대단한데!"

"맞아, 대단한 센스야!"

"음식맛도 좋겠구먼."

"어쩐지 손님이 많더라니."

대개의 경우, 이럴 때 술만 가져다 줄 것이다. 달라는 대로. 그리고 음식이 나오기 전에 술을 먼저 마실 것인지 아닌지는 오직 고객이 판단하고 선택할 몫이다. 밑반찬으로 술을 마시든, 음식이 나온 다음에 마시든 말이다. 그러나 그 집은 혹시라도 음식이 나오기 전에 술을 마시는 사람을 배려하여 두부 부침을 서비스해 준 것이다. 물론, 그 이후의 음식도 정갈하고 맛있었다. 그러나 그 모든 것은 고객을 배려하는 작은 정성, 그 하나에서 비롯됐다고 본다.

## 사람에 따라 서비스가 달라서는 안 된다

이렇게 하나의 작은 배려 때문에 고객을 감동시키는 경우는 의외로 많다. 서너 살 정도의 어린아이를 데리고 젊은 부부가 중국음식점을 찾았다. 종업원이 다가오자 엄마가 주문을 했다.

"자장면 두 그릇 주세요. 그리고 작은 그릇도 하나 부탁합니다."

어린아이 몫으로 한 그릇을 더 시킬 필요가 없다고 생각한 엄마는 그릇 하나를 얻어 그것에 자기의 몫을 덜어 줄 셈이었다. 잠시 후 음식이 나왔다. 그때 부부는 의외의 장면에 감탄했다.

종업원이 내온 어린아이용 작은 그릇에는 조금이긴 하지만 자장면이 담겨 있었기 때문이다. 사실 따지고 보면, 어린아이에게 돌아간 몫만큼 어른의 것에서 덜었을지도 모른다(물론 그 집에서는 어린아이를 위해 조금 더 주었을 것이다). 그러나 어찌됐건 부모의 마음과 수고를 덜어 주기 위한 작은 배려가 사람을 감탄케 하는 것이다.

서비스니 고객 만족이니 하는 것은 결코 거창한 것이 아니다. 작은 것이 오히려 큰 것을 능가할 수도 있는 것—그것이 바로 서비스다.

여기서 중요한 포인트가 있다. 앞에서 소개한 사례를 보면서 생각해 보라. 두부 부침이든 자장면이든, 그런 배려와 서비스가 종업원에 따라 달라져서는 안 된다는 것이다. 즉, 주인이 서비스할 때는 주인의 권한으로서 그런 서비스를 하는 반면에 종업원이 할 때는 '권한'이 없기에 그런 서비스가 추가되지 않는다면 그건 바람직한 것이 아니다. 그런 경우는 사람에 따른 서비스니 시스템이라 할 수가 없다.

추가적 서비스가 주인에 의하든 종업원에 의하든 한결같은 것이 되려면 서비스 시스템으로 운영되어야 한다는 말이다. 모든 서비스가 다 그렇다. 사람에 따라 달라져서는 안 된다. 별것 아닌 것 같지만 서비스가 하나의 제도로, 시스템화되어야 한다는 것이 핵심이다.

## 07 이런 시스템은 바뀌어야 한다

고객 만족을 위한 기업들의 노력은 대단하다. 사활을 걸다시피 하는 경우도 있다. 좋은 일이다. 경쟁력을 갖추려면 어쩔 수 없으니까. 그런데 종종 이상한(?) 시스템을 운영하여 고객으로 하여금 눈살 찌푸리게 하는 경우가 있다.

고객 만족에 심혈을 기울이는 직장에서는 별별 아이디어를 다 내서 종사자를 독려하고 감독한다. 고객을 가장한 모니터 요원을 투입하는가 하면, 고객의 의견을 묻는 설문지를 배포하기도 한다. 또는 전문기관에 용역을 주어 수시로 고객 만족도를 측정하고 불친절한 직원을 적발한다.

이렇게 감시 · 감독의 눈초리를 번득이다 보니 웃지 못할 풍경도 없지 않다. 서비스를 제공한 직원이 설문지에 '매우 만족'이라고 써 달라고 애원하는 경우도 봤고, '서비스에 만족한다.' 고 응답해 달라는 당부 메시지도 휴대전화로 받아 봤다. 서비스 전문가로서 그 눈물겨움과 애처로움(?)에 마음이 아프다.

가전제품 업계가 특히 심한 것 같은데 물건을 팔고 난 후, 또는 애프터서비스를 하고 난 후에 사원들이 "나중에 고객 만족 설문조사 전화가 오면 '매우 만족했다.' 고 말씀 좀 해 주시죠." 라고 부탁을 하는 것이다. 고객의 입장에서 그런 말을 들으면 생각이 혼란스러워진다. 무엇보다도, 그렇게 감시당하며 고객 만족 평가를 잘 받아야 하는 사원들의 처지가 너무 안됐다는 생각이다. 얼마나 경쟁이 심하고 평가가 혹독하면 저런 말을 할 수밖에 없는지 안타깝다. 그래서 실제로 그런 전화가 걸려오면 "매우 만족했다." 고 응답해 주긴 하지만 뒷맛이 씁쓸하다.

또 이런 경우도 있다. 서비스 점포(은행의 지점 같은 곳)에 큰 플래카드를 붙여 놓았는데 이런 문구가 쓰여 있는 경우다.

〈고객 만족 설문에 '매우 만족' 이라고 써 주시면 좋겠죠?〉

〈고객 만족에 관한 설문이 있을 때에는 '매우 만족' 이라고 답해 주시면 더욱 정성으로 모시겠습니다.〉

이걸 부탁이라고 봐야 할지 애교라고 봐야 할지. 그러나 그것을 보는 고객의 생각이 어떨지 고려해 보셨는가? 그런 문구를 본 순간,

방금 전에 친절했던 서비스맨(텔러)의 언행이 갑자기 가식으로 느껴지는 것이다. 평가 때문에 어쩔 수 없이 그렇게 한 것으로 말이다.

### 사원들의 자존심을 살리는 시스템

평가가 어떻게 나오느냐를 떠나 그런 부탁을 할 수밖에 없는, 그리고 그런 플래카드를 내걸 수밖에 없는 서비스 체계는 분명이 문제가 있는 것이다. 고객 만족을 마음에도 없는 쇼로 변질시키는 것이며, 더 나아가 사원들의 자존심을 크게 훼손하는 것이기 때문이다. 그런 부탁을 해야 하는 사원의 처지를 고려해 보길 권한다.

아무리 고객 만족이 중요하고 평가가 중요하더라도 고객 만족에 대하여 좀 더 당당할 필요가 있다고 본다. 우리의 서비스 수준이 그런 정도는 되지 않았을까? 사원들의 품격이 높아지고 직업의식이 향상됨으로써 최고의 서비스가 자연스럽게 발휘되게 하는 것이 정도일 것이다.

당신 회사의 서비스 체계는 어떤지 돌아보도록 하자.

### 시스템 개발에 사활을 건다

우리 회사의 서비스 시스템, 고객 만족 시스템에서 바꾸어야 할 딱 하나는 무엇인가? 끊임없이 그것을 찾아야 한다. '딱 하나'가 중요한 것은 그 딱 하나만 해결되면 끝나기 때문이 아니다. 하나가 해결되면 또 다른 문제가 보일 것이고, 그렇게 하나씩 해결하다 보면 가장 탁월한 고객 만족 시스템에 접근해 갈 것이기 때문이다.

우리들 서비스 시스템은 완벽하다고 절대로 말하지 마라. 고객 만족의 시스템에 완벽이란 존재하지 않는다. 왜냐면 세상은 더욱 발전하고 더 나은 시스템이 개발될 수 있기 때문이다. 뿐만 아니라 고객의 욕구가 끊임없이 진화하고 동종 업종 간의 경쟁이 치열하기 때문이다.

한 가지만 예를 들어 보자. 얼마 전까지만 해도 KTX를 예매하면 출발하는 날 역사(驛舍) 안에 있는 전광판 등에서 타야 할 차량의 열차 번호를 찾아 승강장 번호를 확인해야 했다. 그러나 지금은 스마트폰 앱 '코레일톡'에서 자신이 예매한 열차를 몇 번 승강장에서 탈 수 있는지 알려 주는 안내가 시작되었다. 이 글을 쓰는 현재는 같은 고속철도라도 SRT에는 그런 서비스가 없다. 그러나 이 책이 나왔을 때는 SRT에도 같은 서비스가 제공될 것이다. 이를테면 시스템 경쟁이 불붙은 셈이다.

그런 관점에서 당신의 회사가 현재 어떤 시스템으로 움직이는지, 그리고 경쟁사와의 시스템 경쟁이 어떤지를 살펴보는 것은 매우 흥미 있고 유익할 것이다.

## 08 한 차원 높은 시스템으로

유난히 바쁜 날이었다. 아침부터 여러 가지 일이 겹쳐 있어서 정신없이 처리하느라 밥 먹을 시간도 없이 하루를 보내고 오후가 되었다. 마지막 볼일은 은행에서 통장을 새로 개설하는 일이다. 모 대학에서 한 강좌를 맡게 됐는데 지정된 은행에서 통장을 개설한 후 사본을 제출해 달라고 했기 때문이다.

워낙 바쁜 날이었기에 점심도 거르고 은행에 도착했을 때는 3시가 조금 넘어 있었고 객장은 고객들로 가득하였다. 번호표를 뽑으니 내 앞에 기다리고 있는 사람이 무려 16명이나 되었다. 적어도 30분 이상은 기다려야 할 것이다. 혹시 다른 창구에서 업무를 볼 수는 없나 싶어서 객장을 관리하는 사람(청원경찰?)에게 물어봤다.

"통장을 개설하려는데 여기서 기다려야 하나요?"

은행 출입구 근처의 자리에 앉아 핸드폰을 들여다보고 있던 그가 힐끗 쳐다보고는 간단히 대답한다.

"네, 기다리셔야 합니다."

휴~! 어쩔 수 없었다. 아침부터 발이 아프게 돌아다녔으니 느긋이 기다리면서 휴식이나 취하자는 심산으로 고객 대기 의자에 앉았다. 그렇게 30여 분이 지나자 나의 번호가 불려졌다. 무거운 몸을 일으켜 창구로 가니 직원이 통장 개설은 왜 하는지, 이 은행과는 거래가 없었는지 등등 몇 가지를 묻고 용지를 한 장 건네며 "체크된 곳에 작성해 주세요."라고 안내하였다. 나는 꼼꼼히 작성하여 직원에게 건넸다. 직원이 상냥하게 물었다.

"얼마 입금하실 건가요?"

"일단 통장만 개설하는 거니까 5천 원 입금하겠습니다."

곧이어 비밀번호를 누르라 했고 그에 따랐는데 직원이 다소 놀라는 얼굴로 말한다.

"아, 얼마 전에 ○○은행에서 통장을 개설하셨어요?"

"네, 맞습니다. 제가 개인사업자 등록을 하느라 사업자 통장을 개설한 적이 있습니다."

"그러면 통장 개설 안 됩니다. 한 달 안에 다른 은행에서 통장을 개설하셨다면 신규 개설을 하실 수 없습니다."

갑자기 힘이 쭉 빠진다. 점심도 거르며 30여 분이나 기다려서 이제 겨우 일을 마칠 수 있는가 했는데 이게 뭔가? 이런 시스템, 이런 규칙은 언제 생긴 걸까? 알아 보니 소위 '대포통장' 개설 등으로 금융사고가 잦은 터라 그런 규칙이 생겼다는 것이다. 그렇게 새로운 시스템 또는 규칙이 생겼다면 객장에 안내판이라도 세워 신규로 거래를 하고자 하는 사람들에게 정보를 제공해야 옳은 게 아닌가. 객장 관리를 하는 직원에게 물어봤을 때 그 정도는 물어보고 안내했어야 '최고의 서비스', '고객 만족'을 부르짖을 수 있을 것이다.

## 고객에게 필요한 것은 무엇인가

그런 것까지 요구하는 나를 보고 지나친 '욕심'이라고 말하는 이도 있을지 모르겠다. 그러나 이거 아시는가? 오늘날, 우리나라의 웬만한 서비스 기관에서는 그런대로 좋은 시스템과 친절로 고객 만족을 실행하고 있다. 문제는 평균적으로는 많이 좋아졌지만 한 걸음 더 나아가 감탄을 자아낼 만큼 한 차원 더 높은 고객 만족을 실현하는 곳은 발견하기 어렵다는 점이다.

그런 점에서 그날 그 은행에서의 경험은 많은 아쉬움을 남겼다. 원래 고객 만족 경영이란 일반적인 상황이 아닌 특수한 상황, 유별난 고객까지 만족시킬 수 있을 때 가치가 있는 것이다. '고객 만족 대상 수상'이라는 자랑질의 플래카드나 '우리는 고객님을 가족처럼 모십니다.'라는 낯간지러운 입간판보다는 '금융사고 예방을 위하여, 한 달 내에 타 은행에서 통장을 개설하신 분은 신규 통장 개설을 하실 수 없습니다.' 라는 안내판이 고객에게는 더 실효성 있는 것이라는 것을 알았으면 좋겠다.

은행의 사례를 들었지만, 업종 불문하고 우리 회사의 고객 만족은 어떤 시스템, 어떤 제도 하에 움직이는지 점검하는 계기가 되기를 바란다. 딱 하나만 고쳤으면 좋겠는데 말이다.

## 09 시스템과 관련하여 바꾸어야 할 딱 하나는?

지금까지 고객 만족을 성공시키기 위한 바람직한 시스템에 대하여 살펴보았다. 당신네 회사는 어떤 시스템으로 움직이는가? 잘 체계화되어 있는가? 세밀하게 점검해 보자. 고객으로부터 불평을 샀던 일을 돌이켜보자. 당신네 시스템에 어떤 문제가 있다고 보는가? 딱 하나 고친다면 무엇을 어떻게 해야 한다고 생각하는지 기록해 보자.

“

고객서비스를 잘하는 기업은 신규 직원을 대중에 공개하기 전에 충분히 테스트한다. 그것은 기업문화를 보호하는 차원에서도 중요하다. 아무리 직원을 잘 뽑았더라도 신입 사원이 기업 문화에 적합한지 아닌지 확인하려면 석 달 정도는 걸리기 때문이다. 세계적인 기업 자포스(Zappos)는 재능은 있어도 기업문화에 맞지 않아 퇴사하는 사람에게는 위로금을 지급한다. 기업문화와 하나가 되지 못할 사람을 데리고 있기보다는 차라리 그편이 돈을 아끼는 거라고 여기기 때문이다.

—『고객에게 특별한 경험을 선물하라』(마이카 솔로몬 지음, 유영훈 옮김, 두드림)에서

”

7장

# 문화 하나 바꾸기

—조직문화

YOU JUST NEED TO CHANGE ONE THING

## 01 서비스를 문화로 꽃피우자

야구를 잘하는 학교는 그 선수들이 졸업을 하고 난 후에도 역시 야구를 잘하는 전통을 이어 간다. 야구뿐만 아니라 거의 모든 스포츠가 그렇다. 그 학교의 풍토가 그렇고 문화가 그렇기 때문이다.

마찬가지로 서비스가 좋은 기업은 그것이 하나의 풍토, 문화로 자리잡으면 종업원이 퇴직을 하여 바뀌어도 계속해서 좋은 서비스를 제공하게 된다. 뿐만 아니라, 불친절한 사람도 그 조직에 들어가면 자연스럽게 친절하게 된다. 조직문화 때문이다(사람에 따라 직장문화, 기업문화, 조직문화를 조금씩 다르게 구분하기도 하지만 여기서는 조직문화로 통일하겠다).

조직문화란 다른 말로 표현하면 조직풍토다. 논자에 따라서는 두 용어를 구분하여 사용하기도 한다. 조직풍토는 잠정적이고 변화하기 쉬운 것인데 조직문화는 지속적이고 변화에 대하여 저항적이라는 것이다. 즉 '날씨'와 '계절'의 차이와 같다는 것이다.

조직문화의 중요성은 새삼 강조할 필요도 없다. 그래서 문화의 중요성을 통찰한 선진 글로벌기업에서는 요즘 최고문화책임자(CCO·chief culture officer)를 둘 만큼 훌륭한 조직문화를 만들려고 노력한다. 심지어 뛰어난 최고문화책임자 한 사람을 영입하는 것이 고위 임원 여러 명을 충원하는 것보다 낫다고 할 정도다.

사실, 문화란 매우 아리송한 용어로써 문화인류학자들이 내린 문화에 관한 정의만도 175개를 넘는다고 한다. 그러나 중요한 것은 어떻게 개념을 정리하느냐가 아니다. 고객을 상대하는 서비스문화가 실제로 어떻게 형성되어 있느냐가 이 책의 관심사다.

아무쪼록 모든 기업은 특유의 조직문화를 형성해야 하며 특히 고객을 감동시키는 서비스적 조직문화를 반드시 조성하도록 해야 한다. 서비스적 조직문화를 강조하는 것은 그것이 직접적으로 조직의 이미지를 결정할 뿐더러 나아가 경영성과를 좌우하기 때문이다.

따라서 사원의 서비스 마인드와 서비스 시스템이 한데 어우러져 모든 것이 고객 중심, 서비스 중심의 풍토로 전환되도록 해야 할 것이다. 그것은 꼭 고객만을 위해서가 아니다. 기업의 지속적인 발전을 기해야 하는 것이기 때문이다.

## 친절문화의 개발

우리나라의 많은 기업들이 고객 만족을 부르짖으며 친절봉사 캠페인을 펼쳤으면서도 그것이 일반화되고 크게 성공하지 못한 것은 고객 만족이나 친절 서비스를 문화로 승화시키는데 실패했기 때문이다.

물론 친절한 서비스문화를 개발하고 정착시킨다는 것은 말처럼 쉬운 일이 아니다. 세계적으로 친절하기로 이름난 MK택시의 유봉식 회장은 "비교적 친절한 일본인임에도 불구하고 기사들에게 '감사합니다.'는 인사말 하나를 버릇 들이고 정착시키는데 10년이 걸렸다."고 말했을 정도다.

그러나 고객 만족이 영속적으로 가능하려면 반드시 서비스를 조직문화로 만들어 내야 한다. 우리가 고객 만족 기업의 대표주자로 손꼽는 MK택시나 노드스트롬 백화점, 스칸디나비아 항공사, 디즈니월드 등은 그 모두가 고객 만족을 조직문화로 잘 확립한 기업들이다.

서비스가 문화로 확립되면 종업원들이 자연스럽게 친절 지향적이 되어 다양한 상황에 처해서도 일관성 있게 친절한 응대를 보여 주게 된다. 친절 서비스에 대한 가치나 규범이 명확하기 때문에 어떻게 하는 것이 고객에게 즐거움과 만족을 주는 것인지를 종업원들이 확실히 인식하기 때문이다.

노드스트롬 백화점의 한 판매원이 “어느 때 화가 나는가?” 라는 질문에 “가장 화가 나는 상황은 고객에게 도움을 주지 못했을 때” 라고 대답했다는 일화에서도 볼 수 있듯이 종업원 스스로가 무엇이 가장 가치 있는 것인지를 바르게 알고 그에 맞게 행동하는 것이다.

## 02 문화가 감동을 불러온다

3장에서 샌프란시스코 리츠칼튼 호텔의 청소부 아주엘라의 사례를 소개하였다. 그러나 리츠칼튼 호텔이 영웅적인(?) 청소부 한 사람에 의하여 명성을 유지하는 것은 아니다. 가장 중요한 것은 그런 문화가 형성되어 있다는 것이다. 그것을 리츠칼튼 호텔에서는 '와우! 스토리(Wow! Stories)'라고 한다. 고객으로 하여금 "와우!"라는 감탄사를 내뱉게 만든 스토리가 많다는 이야기다.

이제 샌프란시스코를 떠나 플로리다주 어밀리아 섬으로 가 보자. 그곳에 있는 리츠칼튼 호텔에서 일어난 스토리를 들어보자.

2012년 무더운 여름, 한 가족이 플로리다주의 어밀리아 섬에 있는 리츠칼튼 호텔에서 휴가를 보내고 돌아갔다. 그런데 집에 돌아와서야 어린 아들이 가장 좋아하는 기린 봉제인형 조시(Joshie)를 호텔에 두고 온 것을 알게 된다.

아들이 기린 인형을 찾으며 울먹이자 아버지는 "인형 조시가 호텔에서 휴가를 더 즐기다 돌아올 것"이라 둘러댔고, 몰래 호텔에 알아본 결과 다행히도 호텔의 세탁장에서 인형을 발견할 수 있었다. 일단 안심이 된 아버지는 아들에게 한 거짓말을 사실로 만들고 싶어 호텔 직원에게 조시가 수영장에서 쉬고 있는 모습을 사진으로 찍어 보내 주기를 부탁하였다.

며칠 후, 호텔에서 소포가 도착하였는데 그 속에는 인형 조시와 함께 리츠칼튼 브랜드의 과자들, 그리고 한 권의 사진첩이 들어 있었다. 사진은 아버지가 부탁한대로 조시가 수영장에서 일광욕을 하며 쉬고 있는 것이었고, 그에 더하여 마사지를 받는 모습, 골프 카트에 탄 장면 등 여러 장이 함께 들어 있었던 것이다.

그 사진첩을 본 아버지의 심정이 어땠을지는 '안 봐도 비디오'다. 리츠칼튼 직원의 놀라운 친절에 깊은 감동을 받은 아이의 아버지는 이 일을 블로그에 올렸고, 이야기는 인터넷 여기저기에 퍼지면서 기린 인형 조시의 페이스북 페이지가 생겼을 정도다(https://www.huffingtonpost.com/chris-hurn/stuffed-giraffe-shows-wha_b_1524038.html).

이러한 리츠칼튼 호텔 직원들의 탁월한 서비스는 어디에서 오는 것일까? 그것은 바로 뿌리 깊은 서비스문화, 조직문화에서 오는 것이다. 누구라도 리츠칼튼에서 일하게 되면 그렇게 되는 것이다. 이것이 문화의 힘이다.

## 글로벌 서비스 기업의 조직문화

이와 비슷한 사례는 역시 탁월한 서비스문화를 자랑하는 디즈니월드에서도 발견된다. 디즈니의 서비스문화는 세계 제일이라 할 수 있기에 고객 만족에 얽힌 스토리가 하나 둘이 아니다. 여기서는 리츠칼튼 호텔의 사례와 비슷한 '인형 스토리'를 소개하겠다.

어느 가족이 디즈니월드를 방문하고 디즈니 호텔에 묵었다. 어린 세 딸들은 여행길에 곰 인형 테디 베어를 가지고 왔었다. 첫날, 디즈니월드에서 즐거운 시간을 보내고 해가 저물어 가족들이 호텔 방으로 돌아왔을 때 그들은 곰 인형 세 마리가 쿠키와 우유가 놓인 식탁에 둘러앉아 있는 모습을 발견하였다. 방을 청소하는 사람이 그렇게 연출한 것이었다. 어린 딸들이 재미있어 했음은 말할 것도 없다.

다음 날 저녁에 호텔 방으로 돌아왔을 때는 곰들이 침대에 앉아 미키마우스 책을 읽고 있었다. 이 광경을 본 소녀들이 얼마나 기뻐했을지는 상상이 갈 것이다. 그리고 사흘째 되던 날 저녁에는 곰들이 다시 식탁에 앉아 카드놀이를 하고 있는 모습으로 바뀌어 있었다.

단순히 호텔방을 청소하는 것에 그치지 않고 곰 인형을 연출하여 마치 방을 비우고 있는 동안 곰들이 재미있게 놀면서 하루를 지내고 있는 것처럼 매일 바꾸어 놓았던 것이다.

어린 딸들이 그 모습을 보고 어떤 생각을 했을까? 그들은 그냥 즐거워함에 그쳤을지 모른다. 그러나 부모들로서는 "역시 디즈니월드"라며 감탄했을 것이다(http://ksc12545.blog.me/221025718800).

어떻게 이런 기발한 생각을 디즈니의 종업원들이 했을까? 머리가 좋아서일까? 아니다. 어떻게 하면 고객을 기쁘게 할 수 있을지 작은 것 하나도 놓치지 않고 정성을 다하는 서비스문화 때문임은 말할 것도 없다.

## 03 신바람 문화를 만들자

조직문화의 중요성은 새삼 강조할 필요도 없다. 세계적인 경영 대가라 일컬어지는 말콤 글래드웰(Malcolm Gladwell)의 책 『아웃라이어』에는 '비행기 추락에 담긴 문화적 비밀(The Ethnic Theory of Plane crashes)' 이라는 장이 있는데 가장 먼저 등장하는 사례가 대한항공이다. 1997년 8월에 220여 명의 생명을 앗아간 괌 추락사고를 문화적 코드로 분석한 것이다. 말콤 글래드웰은 추락사고의 원인을 '상하 간에 경직된 유교적 서열문화' 에서 찾았다. 상하 간에 말을 자유롭게 할 수 없는 경직성이 결국 의사소통 문제를 야기했고 그 결과 추락사고로 이어졌다는 것이다.

그렇잖아도 대한항공은 오너 일가의 '갑질' 문제로 사회적 파장을 일으켰는데 말콤이 다시 책을 쓴다면 그에 관한 스토리가 추가될 것 같아 기분이 씁쓸하다. 단, 말콤이 간과해서는 안 될 것이 있다. 대한항공이 유교적 문화를 제대로 수용했다면 상사라고 해서 결코 갑질을 하지는 않을 것이라는 점이다.

그런데 우리네의 경직된 문화는 비단 대한항공만이 아니다. 우리나라 거의 모든 기업의 공통된 풍토요 분위기며 문화라 할 수 있다. 〈허핑턴포스트코리아〉(2015. 8. 28)의 보도에 의하면 우리나라 직장인 6명 중 1명(15.7%)이 회사에서 상사, CEO, 임원으로부터 장난을 빙자한 꼬집힘을 포함하여, 밀쳐짐, 서류 등의 도구로 맞음 등을 경험했다고 하니 우리들의 직장 분위기를 알 만하지 않는가?

## 왜 신바람이 안 날까?

이런 풍토에서는 종업원들이 신바람이 나기 어렵다. 그리고 신바람이 나지 않으면 절대로 고객에게 진정한 서비스를 제공할 수 없음은 당연하다. 경직된 조직문화라면 상사가 "고객을 잘 대하자."고 종업원을 설득하는 경우에도, 어려운 여건에서 고생하는 종업원의 입장과 심정을 헤아리며 자상하게 리드하지 않고 "왜 그따위로 하냐?", "그 정도밖에 못하겠어!"라며 힐책하듯 말할 것이 분명하다. 그러니 신바람은 고사하고 심사가 불편한데 어떻게 진정한 서비스가 제공될 수 있겠는가 말이다.

고객 만족을 성공시키려면 종업원들로 하여금 신바람이 나게 해야 한다. 신바람 문화를 만들어야 한다. 자고로 우리나라 사람을 가리켜 '고무진신(鼓舞盡神)' 이라고 했다. 북을 두드리고 춤추면서 신명을 다한다는 의미다. 우리에게는 신바람의 DNA가 있어서, 신바람이 민족성의 원형이요 정체성이며 민족의 역사를 움직여 온 정신성, 곧 에토스(ethos)라고 말하기도 한다. 그러기에 우리들은 신바람만 작동하면 망아몰입(忘我沒入)하고 접신탈아(接神脫我)한다. 자신을 초월하여 신들린 경지에 다다르게 된다는 말이다.

세계적인 베스트셀러 『행복의 특권(The Happiness Advantage)』의 저자인 숀 아처(Shawn Achor)가 흥미로운 연구를 했다. 그의 실험에 의하면 CEO가 직원들을 하루에 한 번씩만 칭찬해도 6개월 뒤에 생산성이 무려 31%나 향상된다고 한다. 칭찬을 통해 직원들의 사기가 오르고 신바람이 남으로써 결국 생산성이 오른다는 이야기다(〈한국금융신문〉, 2015. 9. 6, 조관일 칼럼 중에서).

이렇듯 신바람의 위력과 중요성을 안다면 우리 회사는 지금 어떤 상태인지 돌아볼 필요가 있겠다. 혹시 침체된 분위기는 아닌가? 어쩔 수 없이 웃고, 억지 친절을 제공하는 것은 아닌가? 신바람을 일으키지 못하는 요인은 무엇인가? 어쩌면 딱 하나의 원인이 문제일지 모른다. 그것이 무엇인지 찾아보자. 혹시 당신 때문에 신바람이 불지 못하는 것은 아닐까?

## 04 내부 고객 만족 풍토를 조성하라

스타벅스. 누가 뭐래도 우리나라의 음료문화, 아니 일하는 문화까지 바꾼 세계적인 커피 기업이다. 요즘 젊은이들은 집에서 일하기보다 스타벅스에서 더 많은 일을 한다. 나 같은 '프리워커'들은 말할 것도 없다.

스타벅스가 인종차별적 행태를 보여 뉴스의 초점이 되기도 하지만 스타벅스의 경영방침이 고객 만족을 지향하는 기업의 모델이 되고 있음을 부인할 수는 없을 것이다. 스타벅스가 전 세계적으로 성공한 기업이 된 데는 나름의 경영철학이 뒷받침되어 있음은 물론이다. 특히 서비스를 연구하는 내게는 연구 대상이요 매력적인 기업이다.

스타벅스의 경영철학 중에 나의 시선을 끄는 것은 우리가 흔히 알고 있는 '고객이 왕'이라든가 '고객은 무조건 옳다.'는 식의 고객 지향적 철학이 아니다. 그 매력적인 철학은 바로 '고객은 2위다.'라는 철학이다.

고객과의 접점에서 커피를 파는 기업에서 고객이 두 번째라고? 고객을 우선으로 섬기라든가, 고객이 최고라고 해도 모자랄 것 같은데 '고객이 2위'로 밀려난 것이다. 무슨 의미인가?

스타벅스의 CEO 하워드 슐츠는 "고객은 2위다."라는 말을 남기고 2000년 CEO 자리에서 물러났다. 하워드 슐츠가 떠나던 2000년도에만 스타벅스는 1,000개가 넘는 점포를 개설하면서 급속히 성장하고 있었다. 몇 년이 지난 2007년, 슐츠는 스타벅스를 걱정하게 되었다. 왜냐하면 성장에만 신경을 쓰면서 바리스타들은 단골 고객의 이름을 기억하지 못하고, 점포 관리자들은 자신이 하는 일에 자부심이 없어 보였으며 모두가 실적을 내는 데에만 집중할 뿐, 회사의 가치를 실천하는 데는 소홀해 보였던 것이다.

슐츠는 고위 경영자들에게 편지를 보냈다. 편지의 제목은 〈평범해져 버린 스타벅스 경험!〉이었다. 그런데 이 편지가 언론에 유출되었고, 슐츠는 직원들에게 큰 배신감을 느꼈다. 결국 2007년 말경에 이르자, 스타벅스의 재무 상태는 슐츠의 걱정대로 전개되기 시작했다. 전년 대비 매출액은 늘어났지만, 증가율은 업계 평균을 밑돌았고, 결국 2008년 스타벅스는 슐츠가 CEO로 복귀할 것이라고 발표했다.

## 스타벅스, 그리고 슐츠에게서 배우자

슐츠가 복귀하면서 과연 어떤 정책으로 다시 스타벅스를 일으킬 것인가. 주가가 42%나 하락하고, 전년 대비 매출액이 업계 평균이라면 대부분의 CEO가 선택하는 경영방침은 비용절감을 선택할지 모른다. 그것이 상식일 터이다.

그러나 슐츠의 선택은 달랐다. 2008년 CEO로 복귀한 슐츠는 2월 26일 하루 동안, 미국 전역의 7,000여 개에 달하는 모든 스타벅스의 문을 닫았다. 직원들에게 쉼을 주면서 정체성을 환기시키고 커피 추출 기법을 다듬기 위해서였다. 이때 손해 본 금액이 자그마치 70억 원이었다.

보통의 CEO라면 선택하기가 어려운 결정이었을 것이다. 경영층이나 주주들의 저항이 만만치 않았을지 모른다. 하지만 이때 슐츠가 남긴 말이 참으로 멋지다.

"스타벅스에서 가장 중요한 사람은 고객이 아니라 바로 우리 직원이다. 경영진이 언제 어디서든 직원을 우선시한다면, 직원은 고객을 저절로 돌볼 것이다. 고객과 가장 많이 접촉하는 것은 바로 직원이다."

슐츠의 직원 사랑 행보는 여기에 그치지 않는다. 그는 매년 4천억이라는 예산을 투입해서 직원들의 건강보험에 활용했다. 이사들이 그에게 건강보험을 줄이라는 압력을 행사했지만 이때도 슐츠는 이렇게 대응했다.

"여러분 더 깊이 생각하십시오. 4천억 정도는 다른 부분의 비효율을 줄임으로써 충분히 충당할 수 있습니다. 여러분이 직원을 위해 더 많은 가치를 제공하지 않는다면, 여러분의 주주 가치 역시 지속될 수 없습니다. 맘에 안 들어요? 그러면 스타벅스 주식을 파세요."

다소 공격적이기도 한 그의 반응에서 직원을 얼마나 소중하게 느끼는지를 알 수 있다.

직원을 최우선시하는 슐츠의 생각이 옳았다. 결국 2년이 지난 2009년, 스타벅스의 이익은 다시 증가했고, 2014년 스타벅스는 약 20조 원을 벌어들였다(https://www.youtube.com/watch?v=ciUdLnFWCiY_체인즈 그라운드, 〈고객은 2위다〉 참고).

내부 직원들이 만족했을 때 그들이 고객을 만족시키기 위해 더욱 더 노력한다는 것은 서비스 기업에서는 잘 알려진 이론이다. 그러나 그것을 실제로 실천하는 것은 쉬운 일이 아니다. 말로는 하지만 그렇게 하지 못하는 경우가 얼마나 많던가.

결국은 CEO의 결단의 문제다. 접점의 직원들을 만족시키기 위해 최선을 다하는 기업만이 진심 어린 서비스가 나올 수 있음을 우리는 스타벅스의 사례를 통해서 배우게 된다.

스타벅스와 비교하여 우리는 내부 고객을 만족시키기 위해 어떤 노력을 하고 있는지 돌아보자. 내부 고객에게 보람과 즐거움을 느낄 어떤 문화가 형성되어 있는지 살펴보자. 혹시 상사들의 '갑질'로 직원들의 속이 부글거리고 있지는 않을까? 그렇다면 고객 만족은 공염불이 된다.

## 05 고객이 갑질을 못하게 하라

고객의 갑질이 도를 넘는 경우가 많다. 그런 사례를 찾으려 들면 한이 없을 것이다. 대표적인 사례 하나.

유튜브에 올라온 1분 27초짜리 영상에는 고객으로 보이는 한 젊은 여성이 의자에 앉아 있고 검은색의 백화점 유니폼을 입은 점원 2명이 바닥에 무릎을 꿇고 있는 장면이 나온다. 고객은 주머니에 손을 넣은 채 다리를 꼬고 앉아 잔뜩 화가 난 듯이 훈계조로 점원들을 다그친다. 반면에 주눅이 든 것 같은 점원들은 무릎을 꿇고 두 손을 가지런히 모은 채 고개조차 들지 못하고 있었다. 도대체 무슨 큰 죄를 졌을까? 장성한 자녀들이 부모 앞에서도 저런 모습을 볼 수 없는 요즘인데 말이다.

사정은 이랬다. 그 고객이 그 백화점에서 귀금속을 구입했는데 수리를 하게 됐던 것이다. 그런데 규정상 유상수리인 것을 고객은 막

무가내로 무상수리를 요구했고 고객이 거센 항의를 하자 다시 무상수리를 해 주기로 했으나 그 과정에서 점원의 응대에 콤플레인을 하는 과정에서 그런 사나운 장면을 연출하게 된 것이다. 백화점 관계자는 "사태를 빨리 해결하려는 마음에서 점원들이 스스로 잠시 무릎을 꿇은 것" 뿐이라며 "고객이 강압적으로 점원에게 무릎을 꿇으라고 한 것은 아니다."라고 밝혔지만(연합뉴스, 2015. 10. 18), 과연 이 사태를 어떻게 볼 것인가?

설령 점원들 스스로가 그렇게 했다 하더라도 갑의 존재에 대한 두려움 내지는 위압적 권위 때문이었을 것이다. 그들이 자연스럽게 그렇게 행동할 수 있다는 것은 서비스 현장에서 갑질의 행태가 얼마나 심각한 것인지를 반증하는 게 될 것이다.

직접 대면하는 경우는 그래도 덜한 편이다(심각하기는 하지만). 얼굴을 마주하지 않는 상황에서의 갑질은 거의 폭력 수준이요 빈도 또한 높다. 대표적인 경우가 콜센터에 대한 갑질이다.

얼마 전, 페이스북에 올라온 동영상은 이랬다. 콜센터로 전화한 사람이 악다구니를 쓰는 것이다.

"남자 직원 바꾸라고 XX야."

"말귀 X나게 못 알아듣네."

"용역하고 있는 주제에… 미친X 씨X."

온갖 욕설이 난무했다. 그런 상황에 노출된 상담원의 처지와 생각이 어떨지는 상상을 하고도 남는다.

"전혀 아무 일도 못하고 손을 벌벌 떨게 되죠."

"왜 내가 이런 욕을 듣고 있어야 되지? 나도 집에 가면 귀한 딸인데…."

눈물을 글썽이며 깊은 한숨으로 대변하였다. 당연히 이런 상황에 무방비 상태로 감정노동자들을 방치할 수는 없다. 회사 차원에서, 조직의 차원에서 그들을 보호할 풍토를 만들어 내야 한다. 때로는 고객이라는 이름으로 횡포를 일삼는 사람들을 가차없이 조치해야 한다. 그런 사람은 차라리 거래를 하지 않는 게 낫다.

## 회사의 관심과 결단이 필요하다

정신과 전문의 우종민 박사의 강의를 우연하게 접하게 되었다. 우종민 박사는 갑질 사례를 말하면서 고객을 상대하는 사람들이 겪는 '감정 부조화 현상'을 설명했다. 즉, 속으로는 불쾌한 감정을 갖고 있으면서도 겉으로는 웃고 나긋한 목소리를 내는 등 일부러 즐거운 감정을 표현하다 보니 감정상에 부조화가 일어나는 것은 당연한 일. 문제는 이런 일을 반복하다 보면 감정의 부조화가 심해지고 결국 자기소외가 심화되어 탈진증후군을 겪게 된다는 것이다.

우 박사는 이런 직원들을 리더들이 잘 감싸야 한다고 해결방안을 제시하였다. 누군가 내 편이 되어 주기를 바라는 직원들의 바람에 응답해야 한다는 것이다. 감정노동으로 인하여 발생하는 슬픔과 좌절감, 분노, 그리고 그것이 심화되어 얼굴에 표정이 없어지고 말수가 적어지며 나중에는 이 지겨운 상황에서 완전히 벗어나려는 극단의 선택을 하기 전에 따듯이 감싸 주는 리더의 관심과 사랑이 필요하다는 말이다.

이런 상황을 해결하는 방안으로 우 박사는 세 가지를 제시하였다. 첫째는 그 업무에서 잠시나마 벗어나게 하여 극단적 감정의 흐름을 차단시켜 줄 필요도 있다는 것이다.

둘째는 직원들이 자신의 감정을 표현하도록 유도하라는 것이다. 이때 중요한 것은 이야기를 중간에 끊지 말고 경청하면서 "누구라도 그렇게 느꼈을 거야. 충분히 그럴 수 있지."라고 직원의 감정에 공감해야 한다는 것이다. 그렇다고 굳이 악성 고객에 대하여 털어놓는 직원의 불만에까지 맞장구를 칠 필요는 없다. 그러고는 직원이 잘 대처한 점을 찾아 격려하고 칭찬할 것이 있으면 칭찬하면서 그 직원이 더 발전할 수 있도록 도와야 한다는 것이다(말은 쉽지만 실제는 상당히 힘들 것임을 나는 안다).

셋째는 회사, 조직 차원에서의 조치가 필요하다고 했다. 조직 차원에서 악성 고객에 시달리는 직원들을 보호할 제도적 장치를 마련해야 한다는 것이다. 그리하여 회사가 나를 보호하고 있다는 것을 확실히 느낄 수 있을 때 직원들이 보다 더 나은 서비스를 제공할 것은 당연할 것이다(세리 CEO_우종민).

그렇다. 내가 강조하고 싶은 것은 이 세 번째 조치다. 회사는, 그리고 리더들은 사원들을 보호할 의무가 있다. 특단의 조치를 통하여 고객이 당신네 회사원을 함부로 대하지 못하는 문화를 만들어내야 한다. 절대로 깔보지 못하게 해야 하는 것이다.

서울시에서는 '다산콜센터'에 폭언과 성희롱을 일삼는 악성 민원인에 대한 고강도 대책을 내놓은 적이 있다. 즉시 법적 조치를 하는 '원스트라이크 아웃제'와 폭언 · 욕설 · 업무방해를 3회 이상 하면 고소하는 '삼진아웃제' 등이 그것이다. 그렇게 했더니 하루 평균 31명에 이르던 악성 민원인이 무려 2.7명으로 줄어들었다고 한다.

GS칼텍스와 한국GM의 아이디어도 참고할 만하다. 그 회사에서는 고객과 상담원이 연결되는 지점에 '통화 연결 대기음'을 특별한 멘트로 바꾸었다.

"착하고 성실한 우리 딸이 상담 드릴 예정입니다."

"사랑하는 우리 아내가 상담 드릴 예정입니다."

"제가 세상에서 가장 좋아하는 우리 엄마가 상담 드릴 예정입니다."

이렇게 통화 연결음 하나를 바꿨을 뿐인데 해당 연결음이 적용된 지 5일 만에 상담원의 스트레스가 무려 54.2%감소했다고 한다. 이런 연결음을 들은 고객들은 먼저 "수고하십니다."라는 말을 건네거나 "좋은 하루 되세요."라며 감정노동자를 위로하였다.

어떤 형태로든 회사는 고객을 상대하는 최일선의 사원들을 보호하고 그것이 회사 특유의 문화가 되도록 해야 한다. 그래서 감히 엉뚱한 갑질을 못하게 해야 하는 것이다. 궁리하고 머리를 짜내면 효과적인 아이디어가 나올 수 있다. 문제는 회사의 관심이요 리더의 결단이다.

## 06 고객은 길들이기 나름이다

일간지(한국일보, 2018. 1. 18)에 흥미로운 기사가 떴다. SNS(사회관계망서비스)인 페이스북에 올라온 사진 한 장이 논란이 되었다. 서울의 수서가 출발 또는 최종 역이 되는 고속열차 SRT의 청소 노동자가 수서역으로 들어오는 열차를 향해 두 손을 모으고 허리 숙여 인사를 하고 있는 사진 때문이었다.

열차 이용객 P씨는 그 장면을 찍어 페이스북에 올리면서 "중년 여성 노동자 8명이 열차가 들어오면 허리를 구부려 연신 공손하게 인사를 한다."며 "쇳덩어리를 향해 인사를 하는 모양새인데 친절과 겸손을 강제함으로써 자존감을 짓누르고 나아가 노동자를 길들이려는 것 아닌지 의심까지 든다."고 지적했던 것이다. 인사하는 그 모습에서 청소 노동자 얼굴에 미소를 찾아볼 수 없었을 뿐더러, 정작 안에 타고 있던 이용객들은 청소 노동자들의 인사를 제대로 받을 수도 없다는 것이다.

맞는 말이다. 열차가 종착역에 도착하면 모두들 짐을 챙기며 하차를 준비하기에 바쁘다. 나 역시 수시로 고속열차를 이용하지만 그런 것에 신경을 쓴 적은 단 한 번도 없었다. P씨의 고발은 네티즌들의 공감을 얻었고, 그에 호응하는 사람들 중에는 고속철 운영사인 에스알(SR)에 그것이야말로 '갑질'이라며 "청소 노동자들의 인사 행위를 멈춰 달라."고 민원을 넣었다.

그런데 SR 측의 이야기는 우리의 상식과 또 달랐다. "인사 서비스에 강제성은 없으며, 과거에도 비슷한 항의가 있어서 1개월 정도 인사를 중단했더니, 고객들이 '왜 인사를 안 하느냐.'는 항의가 있어 다시 서비스를 재개했다."는 것이다.

세상에나! 그래서 고객 만족뿐만 아니라, 어떤 논란이 있을 때는 양쪽 이야기를 다 들어봐야 한다. 인사를 안 한다고 항의하는 사람도 있었다니 말이다. 그럼 도대체 어쩌란 말인가? 이에 대하여 나는 이렇게 생각한다.

## 고객 만족에 대한 확고한 신념이 필요하다

첫째는 회사 측이 서비스나 고객 만족에 대하여 확고한 철학을 갖는 것이다. 청소 노동자로 하여금 인사를 하도록 한 것이 비단 그들뿐만 아니라 SR 종사자 모두에게 공통적으로 실시되는 기본적인 행위라면 그건 '갑질'이라 할 수 없다. 회사의 문화요 방침이 된다. 그렇다면 왜 청소를 하던 사람도 기차가 들어오면 인사를 해야 하는지에 대한 분명한 설명과 교육이 병행되어야 한다. 그들이 갑질로 느끼지 않고 직업인으로서의 당연한 행위요 오히려 그것을 통해 고객 만족의 첨병임을 이해할 수 있게 말이다.

둘째는 같은 인사를 하더라도 행위자로 하여금 인간적인 수치심을 느끼게 해서는 안 될 것이라는 점이다. 아무도 인사를 받지 않는데 이용객 몇 사람이 "왜 인사를 하지 않느냐?" 고 항의한다고 해서 인사를 하게 해서는 안 될 것이다. 청소를 하는 사람은 청소에 충실하면 되는 것이요, 인사를 하게 한다면 허리를 숙여 '배꼽인사' 를 하게 하기보다는 자연스럽게 손을 흔들거나 웃어 주면 될 것이다.

셋째는 고객은 '버릇들이기' 나름이라는 사실이다. 이 점이 중요하다. 만약 회사 측이 신념을 갖고 그런 식의 '쓸데없는 인사' 는 하지 않기로 했다면 고객은 '그런가 보다.' 하고 넘어간다. 왜 인사를 하지 않냐고 따지는 사람이 우스운 사람이요 얼마 지나면 당연히 SR은 그런가 보다 할 것이다. 인사를 하지 않는다고 SRT를 이용하지 않을 사람은 없으며, 만약 그런 사람이 있다면 이용하지 않아도 좋다는 신념이 필요한 것이다.

고객을 만족시키기 위해 노력하는 것은 좋다. 그러나 한편으로는 고객은 길들이기 나름이다. 자칫하면 주면 줄수록 앙앙이요 하면

할수록 점점 더 이상한 방향으로 나갈 수 있다. 그래서 기업의 문화나 서비스 풍토가 중요하다. 회사 측의 고객 만족에 대한 분명한 방침과 신념이 중요한 것이다.

사족 하나를 덧붙인다면 고속열차를 탔을 때 객실에 들어오고 나가는 승무원들이 드나들 때마다 고개 숙여 인사하는 것도 나는 반대다. 우리는 정작 필요한 서비스에 눈을 돌리지 못하는 대신에 쓸데없는 것에 에너지를 낭비하고 감정노동자들로 하여금 감정을 상하게 하는 것은 아닌지 돌아봐야 한다.

고객의 욕구를 충족시키기 위해 최선을 다해야 하지만 때로는 고객이 회사의 방침과 신념에 순응하도록 하는 것도 중요하다. 고객이 들으면 기분 나쁘겠지만 고객은 길들이기 나름이다.

## 07 품격 있는 문화를 형성하자

세상이 발달하면서 사람들의 말과 행동도 그에 걸맞게 고품격이 돼야 정상인데 세상은 그렇지 못하다. 요즘 TV의 연예 오락프로그램을 보라. 음식을 먹어도 먹음직스럽게 먹는다는 것을 보여 준다는 생각에서 음식을 한입 가득히 하고도 넘쳐날 만큼 입에 쑤셔넣는가 하면, 입을 쩍쩍 벌리고 음식을 씹으면서 웃고 떠들다 보니 음식이 튀어나오고… 난장판이다.

출근길에 지하철을 타 보면 그 북새통 속에서도 화장품 세트를 펼쳐놓고 볼 테면 보라는 식으로 눈을 부라리며 화장에 열을 올리는 여성도 쉽게 발견하게 된다. 도대체 뭐가 옳은 건지 나쁜 건지 헷갈리게 된다.

옷매무새도 그렇고, 말하는 품새나 행동거지도 모두 그렇다. 속된 말로 모두가 껄렁패가 되고 있는 듯하다. 남의 시선을 너무 의식하는 것도 문제지만 그 반대의 경우는 더 큰 문제다.

한마디로 엽기문화가 판을 치고 있는 것이다. 예전에는 '엽기' 라는 말이 살인사건 외에는 사용되지 않았다. '엽기적 살인' 이라는 말 외에 사용 예를 본 기억이 없다. 엽기란 그렇게 험악함을 전제로 한 수식어다. 그런데 요즘은 어떤가? '엽기문화' 라는 말이 나올 만큼 '엽기적' 현상이 '문화' 로서 자리잡기에 이르렀다. 한심스럽고 우려스런 일이다.

특히 말하는 것을 보면 그런 현상을 더 심각히 느끼게 된다. 같은 말을 해도 육두문자가 난무하고 무슨 뜻인지 알 수도 없는 요상한 신조어가 남발되는 것이다. 그러니 웬만한 욕은 욕도 아니다.

더구나 인터넷 시대가 되면서 그러한 현상이 더 심화되고 확산되는 것 같다. 점잖은 말은 사라지고, 악다구니를 쓰고 험한 말을 하고 극한 용어를 동원하고 살기등등한 욕지거리를 해야 의사가 전달되는 것으로 생각한다.

그래서인지 우리나라에서 최고의 기업으로 여겨지는 S그룹에서 '신사숙녀 만들기' 를 새해의 교육목표로 삼은 적이 있다. 글로벌 시대에 걸맞은 매너 교육을 강화하기로 한 것이다.

## 품격 있는 문화가 고객을 통제한다

고객 만족에 있어서도 마찬가지다. 서비스 종사자의 품격은 그대로 고객에게 전이된다는 것이 나의 주장이다. 서비스 종사자의 언행이 품격 있고 매너 있으면 고객도 함부로 그를 대하지 못하게 된다는 말이다.

예를 들어 일반 식당에서는 큰 소리를 내어 말하는 사람도 호텔에서는 그렇게 하지 못한다. 버스를 탔을 때는 몸가짐을 흐트러뜨리던 사람도 국제항공을 이용할 때는 몸조심을 하게 된다. 품격 있는 분위기가 고객의 언행을 제어하는 것이다.

따라서 기업은 이왕 서비스문화를 조성할 바에는 보다 더 품격 있는 문화가 되도록 해야 한다. 서비스 종사자들의 언행을 품격 있게 교육훈련시켜야 하며 매장이나 객장 등의 분위기도 고품격으로 할 필요가 있다.

## 08 디테일에 강한 문화를 만들자

'와우 경영(Wowing Management)' 이라는 것이 있다. 와우(Wow)란 우리말로 하면 '대단한데~!' 라는 의미의 감탄사다. 그러니까 와우 경영이란 감탄을 자아내는 경영을 말한다. HR(Human Resource)컨설팅사 '한국왓슨와이어트' 리더십센터(ELI·Executive Leadership Institute) 정동일 소장은 MS(마이크로소프트) · 인텔과 BOA(뱅크오브아메리카) 등 세계적인 50대 기업을 분석해서 '월드클래스 기업의 10가지 조건' 을 제시한 바 있는데 그 10가지 조건 중에 으뜸으로 꼽은 것이 "'와우(Wow)' 란 감탄사를 유도하라." 는 것이었다. 즉 제품이나 서비스를 사용하는 고객의 입에서 '와우!' 란 감탄사가 나올 수 있도록 최선을 다하는 경영철학이 바로 와우 경영이다.

그럼 어떻게 해서 고객을 감탄시킬 수 있을까? 방법은 두 가지일 것같다. 하나는 어마어마한 스케일과 파격적인 서비스를 통하여 감탄시키는 것이고 다른 하나는 다른 곳에서 신경쓰지 못한 아주 세밀하고 디테일한 것으로 감탄시키는 것이다.

그런데 전자의 경우는 그만큼 투자하지 않으면 안 된다. 원가가 많이 든다. 뿐만 아니라 작은 기업에서는 그런 서비스를 제공한다는 게 버겁고 힘들다. 반면에 디테일로 고객을 감동시키는 것은 비용도 적게 들뿐 아니라, 글로벌 기업에서부터 작은 중소기업, 또는 자영업자까지 누구나 적용이 가능하다. 그런 면에서 디테일에 강한 기업문화를 만들 필요가 있는 것이다.

## 디테일이란 '하나 더' 신경쓰는 것

서울을 비롯한 수도권의 이름난 대형 백화점에 가 보면 점포 배치에서부터 상품 진열, 고객의 동선 등 정신이 헷갈릴 정도로 복잡한 경우가 많다. 우선 지하주차장에 주차를 하고 백화점으로 올라가는 출입구부터 복잡하다. 엘리베이터를 타는 곳이 여러 군데 산재해 있기 때문이다.

그런데 어떤 백화점은 엘리베이터마다 '1호기', '2호기', '3호기' 등 번호가 지정되어서 쇼핑을 끝내고 주차장으로 갈 때 몇 번 엘리베이터를 타면 될지 알기 쉽게 해 놓았다. 그런데 일류의 대형백화점 중에 그런 표시가 안 된 곳이 있다는 사실이다. 그런 경우 정말이지 엘리베이터를 잘못 타면 주차된 곳과 멀리 떨어진 곳으로 내려가는 바람에 지하에서 헤매는 수가 많다.

특히나 고령화 사회가 되어 고객의 상당수가 고령자라는 점을 감안한다면 그런 무신경이 매우 안타깝다. 그 간단한 것도 신경쓰지 못하면서 고차원, 초일류의 고객 만족을 추구한다? 말짱 헛일이다.

잊지 말라, 서비스는 디테일에서 승부가 난다. 고객 만족을 추구하는 웬만한 기업이라면 할 만한 서비스는 대충 다 하고 있다. 문제는 디테일이다. 그것 딱 하나의 차이가 승부를 가린다.

이치는 이렇게 분명한데 왜 그게 잘 안 될까? 디테일이 문화로 정착되어 있지 않기 때문이다. 기업의 풍토가 아주 세밀하고 꼼꼼하고 자상하지 않으면 건성으로 넘어가게 되어 있다. 따라서 CEO들은 임직원들이 세밀하게 업무를 추진하고 꼼꼼하게 고객의 심정을 살피며 자상하게 서비스할 수 있도록 끊임없이 교육하고 감독하여야 한다.

그리하여 디테일이 기업의 풍토로, 문화로 확실하게 자리잡을 수 있게 해야 한다. 그 결과는 고객의 입에서 "와우~"라는 감탄사로 표현될 것이다. 그리하여 회사의 규모가 크냐 작냐를 떠나 초일류 기업이 되는 것이다.

## 09 문화와 관련하여 바꾸어야 할 딱 하나는?

지금까지 고객 만족을 성공시키기 위한 바람직한 조직문화에 대하여 살펴보았다. 당신네 회사는 어떤 조직문화를 가지고 있는가? 그 문화가 일류 서비스를 제공하는 데 어떤 역할을 하고 있는가? 부정적인가, 긍정적인가? 당신네 회사의 조직문화를 점검해 보고 딱 하나만 고친다면 무엇을 어떻게 해야 하는지 기록해 보자.

“

서비스란 무엇인가? 무엇이 고객 만족인가? 인사를 잘하는 것일까? 상냥하게 말하는 것일까? 물론 서비스는 하나의 요소로 완결되는 것은 아니다. 인사도 중요하고 상냥하게 말하는 것도 중요하다. 그러나 고객이 그 상점, 그 회사를 찾는 것은 궁극적으로 ‘상품’을 사고자 함이다. 그러므로 ‘상품’에 승부를 걸어야 한다.

”

8장

# 상품 하나 바꾸기

—서비스와 제품



YOU JUST
NEED TO
CHANGE
ONE THING

## 01 상품이 최고의 서비스

친구와 저녁 식사를 함께하기로 했다. 그가 맛있는 스페인 음식을 사 주겠다고 했다. 유난히 추웠던 겨울의 어느 날, 그가 보내 준 약도를 보고 어렵게 찾아갔다. 그만큼 찾기가 어려울 정도로 골목을 돌고 돌아가야만 했다.

'스페인 음식점'이라는 정보에 따라 나는 스페인풍의 인테리어가 멋지게 된 서양식 식당을 상상하며 음식점을 찾았는데 맙소사! 겉으로 보는 식당은 간판도 없는 그야말로 지나치기 딱 좋은 겉모습을 하고 있었다. 안으로 들어가니 이국적인 분위기를 풍겼으나 테이블은 고작 4개에 불과했다. 이미 손님이 자리를 가득 메우고 있었다. 친구의 말에 의하면 며칠 전에 예약하지 않으면 요리를 맛보기가 어렵다고 한다.

사람들이 어떻게 이런 곳을 알고 왔을까? 결국은 맛으로 승부한 것이요 입소문으로 줄을 이어 식당을 찾는 것이다. 그 풍경을 보면서 떠오른 생각은 '고객 만족은 결국 상품에서 좌우된다.'는 것이었다. 친절이니 뭐니 하는 것도 상품이 전제되지 않으면 헛일인 것이다.

## 최선, 최고에도 수준이 있다

CS란 무엇인가? 고객 만족이다. 고객 만족이란 무엇인가? 고객이 만족하는 것이다. 논리는 이렇듯 단순하고 명쾌하다. 그럼 더 물어보자. 고객은 무엇에 만족하기를 바라는가? 가장 중요한 것은 '상품'이다.

그것이 가장 극명하게 나타나는 곳이 식당이다. 소위 '맛집'이라는 곳이다. 그곳은 손님이 미어터진다. 줄을 서야 한다. 때로는 1시간 넘게 기다려야 순서가 온다. 그런 곳에서 나오는 음식이라는 게 뻔하다. 호텔이나 카페의 음식이 나오는 게 아니다. 고작 1만 원 내외의 국밥 정도다. 그런데 왜 먼거리를 마다않고 달려가 긴 시간을 기다리면서도 그곳에 가는가?

상품 때문이다. 맛있는 음식 때문이다. 음식맛으로 만족을 얻을 수 있기 때문이다. 그런 곳은 당연히 손님이 북적이고 종업원의 입장에서는 눈코 뜰 새 없기에 친절을 기대하기는 어렵다. 아니, 그곳에 가는 사람이 친절 때문에 가는 것이 아니다. 기대하지 않는다. 상품 때문에 간다. 따라서 최고의 상품이 최고의 서비스요 최고의 고객 만족이다.

이렇게 고객 만족의 논리는 간단하다. 그런 경험을 수시로 하면서도 왜 우리는 '상품'에 주목하지 못하는가? 물론 이렇게 말할 것이다. 우리도 최고의 상품을 만들어 제공하려고 최선을 다한다고.

그러나 고객 만족을 연구하고 강의하는 나의 눈으로 볼 때, 대부분의 서비스 업소에서 최고의 상품을 제공하기 위해 최선을 다하는 것 같지 않다. 아니, 자기로서는 최선이라고 하겠지만 그 정도의 최선으로 어떻게 고객을 만족시킬 것인가.

최선에도 수준이 있는 것이다. 자기 입장에서의 최선, 최고란 아무런 가치가 없다. 고객의 눈으로 봤을 때 최선, 최고여야 한다. 내 딴에는 정성을 들여 가장 맛있는 음식이라고 내놓더라도 고객이 맛이 없으면 없는 거다. 최선인지 아닌지의 판단과 결정은 고객이 하는 것이다.

## 02 그 정도밖에 못 만드나

아들이 중학생이 되고 나서는 옷을 하나 고르는 것도 여간 까다로운 것이 아니다. 자기 취향을 이제는 정확하게 드러내기 때문이다. 어지간히 맘에 들지 않으면 사 놓고 입지 않거나, 반품을 하기 일쑤다. 얼마 전 아들은 속옷을 새로 사 달라고 나에게 말을 했다.

"엄마 내 속옷에 이런 게 붙어 있어서 따갑고 불편해요. 이런 거 없는 속옷으로 사 주시면 안 돼요?"

그러고 보니 유난히 피부가 연약한 아들은 옷에 붙어 있는 라벨을 불편해했다. 속옷에도 라벨이 붙어 있다 보니 아들은 그것이 불편했던 모양이다. 그런데 그러한 속옷을 찾는 것이 쉽지가 않았다. 그러던 중에 홈쇼핑에서 판매하고 있는 속옷을 보았다. 화면에 비추는 속옷에는 라벨이 보이지 않았다. 나는 얼른 주문을 했다. 그리고 며칠 후에 배달이 왔다.

그 속옷에는 라벨 대신에 속옷에 직접 사이즈가 새겨져 있었다. 어쩌면 이 속옷은 실제 이 옷을 입어 본 직원이 또는 고객이 라벨을 따로 하지 않고 옷감에 직접 새기는 것을 제안한 것이 아닐까? 라벨이 붙어 있는 것이 얼마나 불편한지를 아는 사람만이 만든 속옷이리라. 그 딱 하나의 차이가 고객을 이토록 흐뭇하게 하는데 말이다.

서비스라는 것이 무엇일까? 직접 그것을 사용할 사람이 느낄 불편함을 먼저 알고 배려하는 것 그것이 바로 진정한 서비스가 아닐까?

## 고객의 마음으로 고쳐라

당신이 사용하고 있는 물건을 한 번 돌아보자. 휴대전화에서부터 주방용품, 옷에서부터 각종 액세서리, 그리고 사무용품과 차량용품까지 말이다. 분명한 것은 '이걸 왜 이렇게 만들었지?', '이걸 이렇게 했으면 더 좋았을 텐데', '이거 불량품이구먼', '이렇게 밖에 못 만드나?' 라는 생각이 들 때가 종종 있을 것이다. 아니, 어떤 물건이든지 딱 하나만 더 개량했으면 좋겠다는 생각을 늘 하게 된다.

바로 그거다. 고객은 그 '딱 하나' 때문에 속이 상한다. 기분이 나쁘다. 원망한다. 생산 기업의 입장에서는 여러 가지 변명이 있을 것이다. 비용의 문제도 들먹일 것이요, 전문 디자이너나 기술자가 만든 것을 왜 아마추어가 불평하냐고 고객을 나무랄지도 모른다.

그러나 잊지 말라. 아마추어의 안목이 전문가를 능가하는 수가 많다. '전문가의 저주(Curse of Experts)'라는 말이 있지 않은가? 전문가는 전문가라는 고집 때문에 변화를 추구하지 않는다. 고치려 하지 않는다. 그게 바로 망하는 길이요 그래서 '저주'라는 말이다.

아무리 아마추어라도 고객은 사용 당사자이기 때문에 전문가가 모르는 것, 생산자가 간과한 것을 기막히게 집어낸다. 그걸 믿어야 한다. 그리고 고객의 안목과 의견을 존중해야 한다. 제발이지 지금 생산하고 있는 상품에서 딱 하나만 고쳐 보자. 전혀 새로운 지평이 열릴 것이다.

## 03 왜 고치지 않는가?

'럭셔리 호텔의 대명사' 라는 포시즌스 호텔. 41개국에 96개 호텔, 매출 40억 달러, 전 세계 직원 수는 4만 4,000명에 이르는 글로벌 호텔 그룹이다. 그 그룹의 회장 겸 창업자인 이사도어 샤프(Sharp) 씨의 인터뷰가 조선일보 〈Weekly BIZ〉(2016. 2. 20)에 실린 적이 있었다. 그런데 그가 밝힌 포시즌스 호텔의 서비스는 알고 보면 기상천외하거나 남들이 좇아할 수 없는 어려운 것들이 아니다. 그 인터뷰 기사의 제목은 '혁신은 디테일에서'였는데 그것을 보면서 얼른 머리에 떠오른 것은 다름 아닌 '딱 하나만 바꾸면 되는데…' 였다. 앞에서도 이미 강조한 바 있지만 서비스야말로 디테일에서 승부가 난다. 자, 어떤 내용을 그가 강조했는지 몇 개만 정리해서 옮겨 보면 이렇다.

—처음 구두닦기 서비스를 도입했는데 화장실 변기 물탱크 위에 구두 바구니를 놓으니 아무도 쓰지를 않았다. 그래서 침대 발치로 옮겨 놓았더니 사용률이 50% 이상 증가했다.

—전화기를 침대 옆뿐 아니라 화장실에도 두었고, 화장대 거울에 불이 들어오게 했으며, 캄캄한 밤에 잠에서 깼을 때 시간을 알 수 있도록 밤에도 볼 수 있는 디지털시계를 설치했다.

—'고객 기록 시스템'을 도입하여 고객이 선호하는 음료, 꽃, 취향 등을 적어 놓고 재방문했을 때 그에 맞춰서 똑같이해 주는 것이다.

—모든 것을 고객 편의 위주로 바꾸었다. 고객이 새벽 2시에 "LA로 가는 비행기표가 필요해요."라고 하면 5분 안에 표를 구해 주고 있다.

—고객의 불만 사항이 접수되면 즉시 해결해 주는 것은 물론이고 체크아웃할 때 담당자가 직접 사과한다.

—여성들이 작은 수건으로 몸을 닦는 것을 불편해함으로 큰 수건을 설치하였고, 또한 여성들이 호텔 내 샴푸가 쓰기 싫어서 항상 병에 샴푸를 넣어 다니는 것을 보고 호텔 샴푸를 고급 제품으로 배치하였다.

—방에서 담배 냄새 나는 걸 싫어하는 친구를 보고 금연층을 따로 두었다.

—뿐만 아니라 내부 고객 만족에도 최선을 다한다. 직원들의 불만 사항을 고객들의 불만 사항과 똑같이 신경써서 처리하며, 호텔

을 개조할 때 직원 시설부터 시작한다. 또한 말단 직원들도 관리자의 감독 없이 일할 수 있도록 모든 책임과 권한을 맡긴다.

## 서비스도 상품이다

대충 이런 내용이다. 그런데 이 내용을 잘 살펴보자. 거창한 것이 별로 없다. 당신이 호텔을 이용할 때 한번쯤은 생각해 봤을 불편 사항이거나 서비스 목록일 것이다. 어떻게 보면 서비스 기관으로서 당연히 해야 할 것들이다. 그런데 그런 것들을 하느냐 하지 않느냐에 따라 일류냐 아니냐가 판가름난다는 사실이다. 딱 하나만 더 신경쓰고, 딱 하나만 더 고치고, 딱 하나만 더 아이디어를 내면 되는데 그게 힘든 것 같다. 고객 만족을 추구하는 사람이나 기업이라면 이사도어 샤프 회장의 인터뷰에서 '딱 하나'의 지혜를 배웠으면 좋겠다.

제조업의 경우는 제품이 상품이지만 호텔과 같은 곳은 편리성이나 서비스가 바로 상품이다. 그 상품에 승부를 걸어야 한다. 그런데 만약 그런 곳에서 서비스를 등한히 한다면 이는 제조업 회사가 상품을 엉망으로 만들어 놓고 고객이 선택하기를 기대하는 것과 같다. 그 물건이 팔리겠는가? 마찬가지다. 서비스가 상품인 곳에서는 과연 그런 '상품'으로 경쟁할 수 있는지, 고객이 과연 그것을 구매할 것인지를 냉정히 따지며 서비스해야 한다.

## 04 이러고도 경쟁력이 있을까?

"국물을 좀 싱겁게 하시죠?" 아들 녀석과 음식점에서 갈비탕 한 그릇을 비우고 나오면서 던진 말이다. 나무랄 데 없이 깔끔한 식당이었고 식당 주인도 매우 정중하고 친절한 데다 음식도 정갈하고 맛은 있는데 짰던 것이다.

"짰나 봐요?"

"예, 요즘은 나트륨을 적게 먹으려는 추세잖습니까?"

"그렇죠."

주인도 그런 추세를 잘 알고 있었다. 그렇다면 짠 것보다는 싱겁게 만들고 소금이나 간장을 식탁에 놓아 두면 될 일이다. 그런데 짜게 만들다니…, 정말 아쉬웠다.

"아마 계속 끓이다 보니 짜게 된 모양이네요. 주방장에게 단단히 말해 두겠습니다."

주인은 순순히 나의 의견을 받아들였다. 기분이 좋았다.

그리고 10여 일이 지난 어느 날, 또 그 음식점에 가게 되었다. 역시나 갈비탕을 주문한 나는 첫술에 그만 짜증이 폭발할 지경이었다. 그 전과 전혀 달라지지 않았던 것이다. 오히려 더 짜졌다고 할 수 있겠다. 내 입맛만 그런가 했는데 우연히 동네 아주머니들과 대화를 나누던 끝에 똑같은 이야기를 들을 수 있었다. 그래서 그 집에 가지 않는다는 거였다.

## 손님이 짜다면 짜다

그 이후 나는 그 집에 가지 않는다. 한 사람의 손님이 끊어지는 게 뭐 대수냐고 말하지 말라. 한 사람이 아니라, 지금 이렇게 책에다 옮기고 있지 않은가. 그러니 우리 동네의 아는 이들에게는 당연히 말해 줄 것이다. 원래 한 사람의 불만은 250명을 대변하는 것이라는 연구보고도 있지 않던가.

그래서인지는 알 수 없지만 요즘 그 집앞을 지나 보면 예전만 훨씬 못하다. 손님이 없어 썰렁하다. 미안한 말이지만 나는 곧 그 집이 문을 닫을 것으로 본다. 인테리어가 좋고 깔끔하고 주인이나 종업원이 아무리 친절하다 해도 상품(음식)이 좋지 않으면 속된 말로 '말짱 황'이다. 생각할수록 그 집이 안쓰럽다. 상품 하나만 바꿨으면 결코 손님의 발길이 뜸할 집이 아닌데 말이다.

인터넷을 검색해 보면 알 수 있는데 음식점에 내걸린 표어에 '손님이 짜다면 짜다.' 라는 게 있다. 아마 전국에 그런 구호를 내건 음식점이 몇 곳 있는 것 같다. 그렇다. 손님이 짜다면 짠 것이다. 그리고 그런 불만이 나오면 그때만 모면하려 "예, 고치겠습니다." 라고 립서비스에 끝나면 안 된다. 지나치듯 하는 고객의 한마디를 놓치지 말고 정말로 고쳐야 한다. 특히 상품에 관해서는 더욱더 그렇다.

고객의 불만은 결국 돈 버는 방법을 알려 주는 것이다. 그 원리를 안다면 당신네 상품이 지금 어떤 수준인지 돌아보자. 딱 하나만 고쳐도 상황은 달라진다.

# 05 홍보는 상품으로 하는 것

TV에는 프로그램 중간중간에 쉴 새 없이 광고가 나온다. 공익광고에서부터 상품광고까지. 나는 그것을 유심히 보는 편이다. 직업이 강사이다 보니 광고에서 여러 가지 힌트를 얻기 때문이다. 최신 유행어도 광고에서 얻을 수 있고 유머거리를 발견할 수도 있다. 그러나 뭐니 뭐니 해도 핵심은 상품에 관한 정보다.

그런데 상품광고를 볼 때마다 느끼는 것은 온갖 기술을 총동원하여 고객을 속인다는 느낌이다. 대표적인 것 하나만 꼽으라면 자동차 광고를 들겠다. 광고를 보다 보면 자동차를 타는 것이 환상의 나라로 들어가는 것 같다. 소음도 없이 미끄러지듯 커브길을 달리고 바닷가를 달린다. 그런데 곰곰이 들여다보면 광고에 나오는 자동차가 바로 내가 타고 있는 소형자동차다. 그러니 광고보다 내가 더 확실한 정보를 갖고 있는 셈이다. 그때 드디어 나는 꿈에서 깬다. 얼마나 소음이 많고 덜덜거리던가.

자고로 광고를 PR이라 한다. 우스갯소리로 '피알'을 일컬어 '피할 것은 피하고 알릴 것은 알리는 것'이라고 했다. 맞다. 알릴 것은 알려야 하지만 피할 것은 분명히 피해야 한다. 실제 상품을 써 보고 광고와 차이가 너무 크게 났을 때의 실망감을 아는가?

## 입소문이 최고의 마케팅이다

내 친구의 푸념. 지난해 아파트 거실에 에어컨을 설치했단다. TV 광고를 보니까 그것을 설치하면 마치 한여름에 남극에 간 것 같은 시원함을 느낄 것처럼 광고를 했는데 그 바람에 혹하고 넘어간 것이다.

에어컨을 설치한 후 너무너무 실망했단다. 남극이 도대체 뭐냐? 바람도 시원찮아 하는 수없이 뜨거웠던 지난여름에는 에어컨을 켜고 선풍기를 돌려가며 힘겹게 여름을 지냈단다. 그녀가 내게 말했다. "○○에어컨은 절대로 사지 말라." 고. "광고에 속지 말라." 고.

기업의 입장에서는 온간 정성을 다해서 광고할 것이다. 광고라는 것이 어느 정도 과장될 수밖에 없다는 사정도 모르는 것이 아니다. 그러나 억지 과장, 지나친 과장은 결국 몰락의 길을 제촉하는 것이다.

누가 뭐래도 최고의 광고는 상품이다. 상품이 말해 준다. 오히려 과대 선전으로 기대치를 높이면 고객의 실망감은 그에 비례하여 높아진다. 광고에 들일 노력과 비용으로 어떻게 상품을 잘 만들 것인가를 고민해야 한다. 그래서 광고보다 더 나은 제품을 고객에게 제공하면 된다. 그러면 그 상품이 모든 광고를 다해 줄 것이다. 세상에 입소문이 최고라 하지 않던가.

당신 회사의 광고 중에 고칠 것이 무엇인지 점검해 보자. 차라리 어떻게 하면 광고를 더 잘할까를 생각하지 말고 어떻게 해서 딱 하나 톤다운시킬 것을 찾기를 권한다.

## 06 홈쇼핑 이야기

친구 E의 이야기다. 설날을 맞아 친척집에 가져갈 선물을 고민하던 터에 TV의 홈쇼핑을 보고 곶감을 구입했단다. 홈쇼핑에서는 "선물하기에 딱 좋은 제품"이라고 광고를 해서 그걸 믿고 구입했는데 막상 받아 본 곶감은 스티로폼에 담겨져 있어 그대로 가져갈 수가 없었다는 것이다. 하는 수 없이 마트에서 보자기를 구입해 재포장을 해서 가져갔다고 한다. 그 이야기를 하면서 E는 말했다.

"역시 싼 게 비지떡이라고 홈쇼핑 물건을 생각없이 구입해 남에게 선물하는 건 말아야겠다."라고.

아마 당신도 홈쇼핑의 과대 선전을 믿고 물품을 구입했다가 낭패를 본 경우가 있을 것이다. 그래서 다시는 홈쇼핑 물건은 안 산다고 결심했을지 모른다. 그러나 시대적 대세는 홈쇼핑 또는 온라인

쇼핑이다. 이미 일본에서는 대형 백화점이 문을 닫는 일이 발생하고 있다. 요지의 길목에 대형 건물을 지어 놓고 수많은 사람을 채용하여 물건을 팔아서는 승산이 없기 때문이다.

그런데 시대적 흐름은 그렇더라도 아직까지 우리네 홈쇼핑은 선전과 실제가 괴리된 경우가 많다. 물론 홈쇼핑의 물건의 대부분이 가성비(가격 대비 성능)가 좋다. 쓸 만한 물건을 싼 가격에 구입하는 것이 홈쇼핑의 매력이요 재미다. 그런데 종종 쇼호스트의 유창한 언변과 TV에 비치는 상품의 때깔을 믿고 덥석 구입했다가 나중에 배달되어 온 물건이 상상했던 것과 딴판이어서 되돌려 보내거나 울며 겨자 먹기로 사용한 경우가 있는 것이다.

앞으로 홈쇼핑이나 온라인 쇼핑몰을 운영하는 사람은 어떻게 하면 선전과 실제가 같게 할 것인지 연구를 해야 한다. 오히려 선전보다 실제로 받아 본 물건이 좋아야 고객은 감탄할 것이요, 점점 더 거래를 확대할 것이다.

## 핵심 요소에 집중하자

찰스 두히그(Charles Duhigg)는 그의 책 『습관의 힘(The Power Of Habit)』에서 '핵심 습관(keystone habit)' 이라는 개념을 사용하였다. 핵심 습관이란 우리의 삶에 큰 영향을 미치는 습관으로써 그것이 바뀌면 연쇄반응을 일으켜 다른 습관까지 바뀌게 하는 습관이다. 그래서 개인의 삶을 개조하려면 핵심 습관을 바꿔야 한다고 찰스 두히그는 강조하였다.

같은 논리로 고객 만족에 있어서도 '핵심 인자', '핵심 요소'가 중요하다고 본다. 핵심 요소란 바로 그 기업 또는 개인의 고객 만족의 수준을 결정적으로 좌우하는 핵심적인 요소를 말한다. 그 요소란 따지고 들어가면 결국 딱 하나에 귀결된다. 바로 상품이다. 상품이 좋으면 나머지는 다음의 문제다.

이 점을 인식하고 홈쇼핑이나 온라인 쇼핑몰을 운영하는 사람들은 무엇이 고객 만족의 핵심 요소인지를 확실히 인식하고 선전을 해야 할 것이다.

## 07 상품에 아이디어를 쏟아야

고객으로부터 만족을 얻는 상품과 그러지 못한 상품을 비교해 보면 결국 한두 가지 아이디어에서 판가름난다.

아이디어 싸움이 가장 극명하게 드러나는 것을 꼽으라면 나는 스마트폰이라고 본다. 삼성의 갤럭시와 애플의 아이폰의 경쟁은 전쟁이라는 말이 실감날 정도지만 결국은 아이디어 싸움이기도 하다. 두 전화기를 놓고 비교해 보면 결국은 한두 가지의 아이디어로 티격태격한다.

여름철이 다가오면 국내에서 벌어지는 아이디어 경쟁이 눈에 띈다. 다름 아니라 삼성과 LG를 비롯한 몇몇 회사의 에어컨 경쟁이다. 따지고 보면 크게 다른 것도 없지만 결국 아이디어 하나를 덧붙여 놓고 소비자의 선택을 받으려 안간힘을 쓰는 것이다.

자동차도 마찬가지다. 사활을 걸고 벌어지는 세계적 명차와 우리나라의 현대, 기아의 경쟁을 보면 그 역시 아이디어 싸움이다. 결국 고객 만족은 아이디어 경쟁을 촉발하고 있는 셈이다. 결론적으로 당신 회사의 상품이 비교우위를 차지할 수 있도록 총력을 다하여 아이디어를 내야 한다.

## 좋은 아이디어는 어디서 나올까?

좋은 아이디어는 어디서 나오는가? 어떤 회사는 고객들로부터 아이디어를 얻기 위해 공모를 하는가 하면 어떤 회사는 고객불만 접수를 통해 아이디어를 얻기도 한다. 또 어떤 회사는 사원들의 제안을 활성화하여 좋은 아이디어를 유도한다.

다 좋다. 아이디어란 어떤 경로를 통해야 한다는 공식은 없으니까 다양한 방법을 통하여 상품의 결함을 발견하거나 또는 상상력을 동원하여 더 나은 아이디어를 낼 수도 있다. 그러나 가장 중요한 것은 고객의 마음을 사기 위해 얼마나 절박한 마음으로 상품을 바라보느냐에 달려 있다고 나는 확신한다.

스탠퍼드대학교의 명예교수인 제임스 L. 애덤스(James L. Adams)는 그의 책 『아이디어 대폭발』(이미숙 옮김, 21세기북스, 2012)에서 "자신의 일을 사랑할 때 창조성이 발휘된다."고 하였다. 자기의 일을 사랑하면 아이디어가 나오게 된다는 말이 너무 멋지지 않은가?

삼성경제연구소가 운영하는 대한민국 최대의 CEO 커뮤니티 'SERI CEO'를 창안했고, IGM 세계경영연구원 원장을 지내는 등 탁월한 창의력으로 '지식 디자이너', '창조 프로듀서'로 불리는 강신장 씨도 새로운 영감을 얻어내는 창조의 제1법칙은 '사랑'이라고 말했다.

"지금 우리가 어느 분야에서건 '나만의 르네상스'를 만들고 싶다면, 그것은 결코 어렵지 않다. 마치 연인들이 목숨을 걸고 사랑을 하듯, 세상 사람들과 우리의 고객을 사랑의 눈으로 바라보라. 진심어린 사랑의 눈으로 바라보면, 볼 수 없었던 것들, 또 보이지 않는 것들, 또 남들이 보지 못하는 것들을 볼 수 있는 신비로운 힘이 생긴다." 그의 말이다. 그것도 보통의 사랑(Love)이 아닌 '애절한 사랑(High love)'을 해야 한다고 했다.

애절하다는 것은 무엇인가? 고객을 만족시키기 위해 애가 탈 정도로 절박하고 진정성 있게 일을 사랑하면 자연스럽게 어떤 상품을 제공해야 할지 아이디어가 나오고 그것이 상품에 반영됨으로써 궁극적인 고객 만족이 이뤄지는 것이다.

## 08 무형의 상품 —실력도 상품이다

서울의 강남에 사는 P씨는 치과 치료를 위해 강남을 벗어나 같은 서울 시내에서도 26km나 떨어진 곳으로 원정(?)을 간다. 그렇다고 거창한 종합병원이 아니다. 의사 2명이 일하는 동네의 치과다.

친구들이 "미쳤니? 강남에 좋은 곳이 얼마나 많을 텐데 그 먼 거리를 오가냐?" 라고 놀림 반, 꾸중 반으로 말하지만 대답은 한결같다. "난 아직 그렇게 솜씨 좋은 치과의사는 못봤다." 라고. 그동안 몇 곳의 치과를 다니며 고생을 했단다. 그러다가 친구의 추천으로 그곳을 가게 됐는데 다른 곳에서 제대로 치료하지 못하던 것을 그 의사가 확실히 잡았다는 것이다. 그의 말은 언제나 같은 말로 끝난다. "의사라고 다 의사가 아니다. 실력 차이가 엄청나다."

C씨는 수년 전 서울의 강남으로 이사를 갔다. 그런데 미용실은 아직도 예전에 살던 곳으로 찾아 나선다. 20km가 훨씬 넘는 거리다. 그런 C씨를 보고 가족들이 왈가왈부 말이 많다. 그러나 C씨의 대답은 간단하다. "그곳의 헤어매니저 K씨만큼 내 얼굴에 딱 맞는 머리 모양을 내는 사람은 없다."라고. 오고 가는 길이 귀찮아서 다른 이의 추천을 받아 집 근처의 미용실에 가 봤는데 확실한 실력 차이만 확인했다고 한다.

지방 소도시 D의 금융기관에서 일하고 있는 보험설계사 J씨는 무려 10여 년 동안 전국 최고 설계사 타이틀을 거머쥐고 있다. 그 비결은 간단하다. J씨와 보험상담을 해 보면 보험을 다루는 모든 금융기관의 상품을 훤히 꿰뚫고 명쾌하게 그 고객에게 필요한 보험을 딱 집어 내놓기 때문이다. 자기가 다루는 상품의 장점뿐 아니라 단점까지 솔직하게 안내한다. 그러니 믿음이 가고 믿음이 가기에 몇 푼 정도의 불입금을 더 부담하면서도 고객은 J씨를 찾는 것이다. 한마디로 보험에 관한 정보와 실력이 탁월하다는 말이다.

몇 사람의 사례에서 보듯, 상품이란 꼭 유형의 제조품만을 의미하는 것은 아니다. 의사에게는 '치료'가 상품이요, 미용사에게는 '기술'이 상품이며, 금융기관 종사자에게는 '정보'가 상품이다. 그들의 공통점을 한마디로 표현하면 바로 '실력'이다. 즉 실력이 상품이라는 말이다.

## 전문가는 전문가다워야

이렇게 '실력'을 상품으로 고객에게 제공하는 사람을 우리는 '전문가'라고 한다. 전문가란 무엇인가. 사전적 의미는 '어떤 분야를 연구하거나 그 일에 종사하여 그 분야에 상당한 지식과 경험을 가진 사람'을 말한다.

그렇다면 전문가는 전문가다워야 한다. 전문가답다는 것은 결국 자기의 연구 결과나 지식, 경험, 기술이 탁월해야 한다는 말이다. "의사라고 다 의사가 아니다."는 P씨의 말처럼 전문가라고 다 전문가가 아니다. 제대로 된 '상품'을 제공하지 못하는 사람은 전문가가 아니라 얼치기다. 그런 실력으로 고객을 이끌 수는 없다.

스스로 물어보자. 당신은 전문가인가? 실력이 짱짱한 진짜 전문가인가 말이다. 혹시 딱 하나 추가해야 할 것은 없는지 점검해 보자.

## 09 상품과 관련하여 바꾸어야 할 딱 하나는?

지금까지 고객 만족을 성공시키기 위한 어떤 상품을 제공할 것인가를. 당신네 회사의 상품은 어떠한가? 확실한 경쟁력이 있는가? 당신네 회사의 상품을 고객의 입장에서 점검해 보고 딱 하나만 고친다면 무엇을 어떻게 해야 하는지 기록해 보자.

# '딱 하나' 개선의 발걸음을 내딛자

고객들은 말은 안 해도 그런 생각을 종종 한다. 물론 하나를 바꾸고 나면 또 다른 '하나'를 끄집어 낼 것이다. 하나의 불만이 없어지면 진화된 불만이 나오게 마련이다. 그러면 그 또한 개선하고 바꾸면 된다. 고객 만족은 그렇게 계속 이어지는 것이지 완성되는 것이 아니다. 인간의 욕구는 끝이 없기 때문이다.

우리나라에 고객 만족 경영(CS)이 도입된 것이 1992년이라니까 4반세기가 흘렀다. 그동안 감정노동자들의 피나는 노력으로 이제 대한민국은 서비스 선진국이 됐다고 본다. 그럼에도 하나가 해결되면 또 하나의 문제가 발생하는 고객 만족의 속성으로 오늘 이 순간에도 많은 곳에서 서비스에 대한 시비가 일어나고 있을 것이다. 뿐만 아니라, 서비스는 '이 정도면 됐다.'고 안도하는 순간 퇴보하는 특성을 갖고 있다. 그러기에 잠시도 한눈을 팔 수 없는 것이다.

그럼 어떻게 한다? 하나씩 하나씩 해결해 가면 된다. 우선 딱 하나만 개선하면 된다. 기업들은 고객 만족과 관련하여 혁신이니 혁명이니 환골탈태니 하며 좋은 말들을 동원하지만 그것은 결코 거창한 것이 아니다. 혁명은 작은 것, 기본적인 것에서부터 시작되고 종결되는 것임을 잊어서는 안 된다.

미켈란젤로가 말했다. "작은 것 여럿이 모여 완성을 가져온다. 완성은 결코 작은 것이 아니지만 변화는 작은 것에서 시작된다."고. 혁명도 좋고 혁신도 좋지만 무엇보다도 먼저 주변의 작은 것들을 확실히 바꾸는 일부터 시작해야 한다는 말이다.

고객 만족 경영의 창시자인 스칸디나비아 항공사(SAS)의 얀 칼슨이 말했다. "한 가지 일을 100퍼센트 고치려 하지 말고 100가지 일을 1퍼센트씩 개선하라."고. 이 말은 거창한 프로젝트 한 가지를 크게 변화시키려고 하기보다, 각 분야별로 작은 결점 하나씩을 모두 고치는 것이 더 유용하다는 의미가 된다.

그런 의미에서 당신의 회사, 아니 당신은 엄청난 환골탈태를 도모하려 하기보다 일단 작은 것 하나씩을 고쳐 보기를 권한다. 그것이 모이면 바로 환골탈태가 되고 혁명이 되는 것이다. 서비스 정신, 태도, 화법, 시스템, 문화, 상품 등등에 고쳐야 할 '하나'는 무엇인지 돌아보

자. 그리하여 하나가 고쳐지고 또다시 하나에 도전하는 사이클을 만들어 내자. 하나만 바꾼다는 것은 또 다른 하나와 연결되는 무한대의 하나가 된다. 그것은 훗날 '자기 혁명'으로 기록될 것이다.

고객을 위해서가 아니라 당신 자신을 위해서 '딱 하나' 개선의 발걸음을 힘차게 내디뎌 보자.

# 교육프로그램 안내

## 고객 만족 '딱 하나' 혁신 프로그램

"왜, 아직도 고객 만족·친절 서비스의 문제가 계속되고 있는가?"
'딱 하나 서비스 프로세스' 로 끝장내자!

*
*
*

이 책의 내용을 바탕으로 개발된 고객 만족 교육훈련 프로그램입니다.
교육훈련을 도입하고자 하는 기업은 아래 내용을 참조하여 신청하시면 됩니다.

■ 프로그램의 특징

- '하나'에서 '하나'로 이어지는 서비스 혁신 프로그램
- 자기 점검, 역량 체크, 강의, 실습, 토론 등으로 진행
- 기업 및 수강자 특성을 감안한 '맞춤교육' 실시

■ 교육목표 및 내용

- 기업과 개인의 고객 만족을 저해하는 걸림돌 도출하기
- '딱 하나' 혁신 주제를 선정하여 확실히 개선하기
- 의식 및 행동 혁신, 그리고 시스템과 문화 바꾸기

■ 교육대상 및 시간

- 교육대상 : 전 사원(최고경영층, 리더, 중간간부, 일반사원)
- 시간 : ① 특강 2~3시간
  ② 정규 프로그램 : 4~16시간(기업의 사정에 따라 조정 가능)

■ 강사 및 교육문의

- 리파인교육컨설팅(http//www.refine.consulting)